KB235476

동중공부

일반인을 위한 마음 공부법

千 江

솔과학

머리말

　해마다 여름이면 전통사찰에서 한시적인 출가생활인〈여름수련법회〉가 열리고 있습니다. 필자는 몇 해 동안 송광사에서 수련법회 진행을 맡으면서 많은 사람들로부터 참선이 어려워 계속 하기가 힘들다는 말을 들어 왔습니다. 좌선할 때 다리 아픈 것은 그만두더라도 화두(話頭)를 도무지 어떻게 들어야 할 지 모르겠다는 것입니다.

　출가의 목적은 무엇보다도 진여자성을 깨달아 성불하는 것이기 때문에 화두를 들고 참선하는 것은 출가수행자라면 반드시 해야하는 일입니다. 하지만 일반인들은 일상생활을 통해 끊임없이 바깥의 경계에 노출되어 있어서 화두를 드는 일이 쉽지도 않고 또 한가하게(?) 화두를 들 여유도 없게 마련입니다.

　더구나 화두란 의심이 생명인데 그 의심이란 치열한 구도열기가 없는 한 쉽게 나타나 주지 않는 것이 현실입니다.

　이에 필자는 일반인들이 좀 더 쉽게 공부길에 들어올 수 있는 한 방법으로 이 글을 쓰게 되었습니다.

　여러 조사스님네들의 지도방법과 부처님의 가르침, 그리고 필자가 지금까지 공부해 온 경험을 살려 썼지만, 사람의 근기란 다 다른 법이어서 반드시 모든 사람에게 맞지는 않으리라 생각합니다. 그러나 '한 사람에게라도 도움이 된다면' 하는 마음에서 부끄러움을 무릅쓰고 감히 이 글을 올리게 되었습니다.

　이 조그만 책자가 공부하는 이들에게 도움이 되기를 바랍니다.

불기 2542(1998)년 12월 1일

翁江山 臥松窟에서 천강 합장

차   례

동중공부

1. 참 나를 찾아서

2. 공부의 선결조건

3. 좌선의 방법

1. 참 나를 찾아서

깨달음을 위하여

불교의 최고 이상은 깨달음입니다. 그래서 참선은 물론이고 기도, 염불, 참회 등은 모두 이 깨달음의 길로 가기 위한 방편일 뿐입니다. 깨달음은 분명히 있고 부처님과 역대 조사들이 거기에 이르는 길을 제시해 주고 있지만 그 곳에 이른 사람은 그리 많지 않습니다. 재가자는 물론이고 수행을 전문으로 하는 출가 집단에서 조차 그렇습니다. 타고난 근기와 부단한 노력이 필요하기 때문입니다.

또한 깨달음은 출가자들의 전유물이 아닙니다. 깨달음은 누구에게나 열려 있습니다. 그러나 그 깨달음을 얻기 위해서는 오직 하나의 길 밖에 없습니다. 그것은 자기의 참된 마음[眞如自性]을 찾는 일입니다. 마음을 찾는 방법으로는 참선(參禪)을 으뜸으로 칩니다. 가장 직접적이고 빠른 길이기 때문입니다. 산허리를 타고

2

돌아가는 것이 아니라 직벽을 타고 바로 오르는 것과 같습니다. 그만큼 어렵기도 합니다.

참선에도 여러 가지가 있습니다. 간화선(看話禪)이 있고 묵조선(默照禪)이 있습니다. 남방불교에서 하는 위빠사나(Vipassana)도 있습니다. 각자의 적성에 따라서 선택할 일이지만 우리는 간화선을 선택하고 있습니다. 간화선이란 화두(話頭)를 참구하는 수행법인데 화두 중에서도 〈이 뭣고〉를 제일 많이 들고 있습니다. 〈이 뭣고〉라는 말은 〈이것이 무엇인고〉를 줄인 말이며 여기서 '이것'이란 우리 모두가 가지고 있는 참된 마음인 〈진여자성(眞如自性)〉을 가리키는 것입니다. 〈불성(佛性)〉이라고도 하고 〈본래면목(本來面目)〉이라고도 합니다.

참선수행은 정중선(靜中禪)과 동중선(動中禪)이 있습니다. 정중선은 좌선(坐禪)을 말합니다. 동중선은 좌선 이외의 일상생활 중에 참구하는 것을 말합니다. 그러나 두 가지가 따로 분리되어 있는 것은 아닙니다. 하루 24시간은 깨어 있는 시간과 잠자는 시간으로 나눌 수 있지만 우리가 하루라고 할 때는 모두를 합친 시간을 말하는 것과 같습니다.

그리고 동중선은 정중선에 비해 더 어렵습니다. 물론 좌선도 쉬운 일은 아닙니다. 그러나 좌선 중에는 공부가 그런 대로 되는데 좌복에서 일어나면 다시 번뇌망상에 빠지기 일쑤입니다. 그런 공부는 천년을 한다고 해도 늘 제자리를 겉도는 공부입니다.

재가 생활은 항상 움직이는 생활입니다. 출가자들처럼 하루종일 수행을 할 수 있는 환경이 아닙니다. '하루 10시간씩 좌선 정진하는 선객(禪客)들이나 참선하는 것이지 우리같이 일상생활에 시달리는 사람들이 참선을 할 수 있겠나?' 하고 쉽게 포기하고는 기도나 염불에 만족하고 삽니다. 그러나 기도나 염불도 결국 참선으로 돌아오지 않으면 부처님이 세상에 출현하신 의미가 없습니다. 재가자든 출가자든 먼저 무상대도(無上大道)를 이루신 부처님처럼 깨달음을 이루겠다는 발심(發心)이 그래서 필요한 것입니다. 그 다음에 일상생활에서 참구 할 수 있는 동중선의 방법을 익혀야 합니다.

그런데 좌선이든 동중선이든 참선이란 도저

4

히 어려워서 할 수 없다고 생각하는 사람들이 의외로 많습니다. 심지어 간화선은 이미 1000년 이상 묵은 시대착오적인 수행법이라고 비난하는 사람들도 있습니다. 그러나 그렇지 않습니다. 근세의 힌두 성자 스리 라마나 마하리쉬(Sri Ramana Maharshi, 1880-1950)도 '자기탐구를 통하여 참 나[眞我]를 찾는 것만이 깨달음을 이룰 수 있는 유일한 방법'이라고 설파하고 있습니다.

사람들이 어렵다고 생각하는 데는 이유가 있습니다. 그것은 왜 참선이 필요한지 잘 모르고 있기 때문이고 안다고 하더라도 어떻게 해야 하는지 방법을 모르기 때문입니다.

참선을 하려면 우선 우리들의 존재상황부터 잘 알아야 합니다. 현 상황에 대한 정확한 인식 없이는 화두에 대한 의심이 일어나지 않습니다. 화두에 대한 의심이 일어나지 않으니 화두를 드는 일은 따분하기만 합니다. 학생 때 영어를 잘 모르면 영어시간이 따분해지고 그러다 보니 영어는 어려운 과목이 되고 마는 것과 같은 이치입니다.

인간의 존재상황

참선수행을 하기 전 우리는 먼저 인간의 존재에 대한 고찰이 필요합니다. 인간은 생로병사의 과정을 끊임없이 순환[輪廻]하고 있습니다. 누구도 부정할 수 없는 우주의 법칙입니다. 왜 이런 순환을 하게 될까요? 그것은 인간의 8번째 식(識)인 아뢰야식 때문입니다. 아뢰야식은 이숙식(異熟識), 장식(藏識) 또는 종자식(種子識)으로 번역합니다.

우리 인간은 8개의 식(識)을 가지고 있습니다.

제1식-안식(眼識)-색깔을 봄
제2식-이식(耳識)-소리를 들음
제3식-비식(鼻識)-냄새를 맡음
제4식-설식(舌識)-맛을 봄
제5식-신식(身識/觸識)-감촉을 느낌
제6식-의식(意識)-分別識, 분별을 함

제7식-말나식(末那識)-思量識, 판단을 내림
제8식-아뢰야식(阿賴耶識)-異熟識/藏識/種子識

제5식까지는 단순한 감각 기관에 불과합니다. 식이라는 이름이 붙어 있지만 스스로 의식을 가지고 있지는 않습니다. 우리가 색깔을 보고 향기를 맡고 맛을 아는 것은 이 5개의 식이 전달해주기 때문입니다. 이 5개의 식을 모두 합쳐 전5식(前五識)이라고 합니다.

제6식인 의식은 전5식을 통하여 들어온 정보를 분별합니다. 즉 '색깔이 노랗다', '냄새가 독하다', '맛이 좋다' 등을 분간합니다. 또 제6식은 전5식과는 관계없이 스스로 생각을 떠올릴 수도 있습니다. 과거에 대한 기억, 미래에 대한 상상 등이 그것입니다. 이 6개의 식은 근본이 되는 식이므로 6근(根)이라도 부릅니다. 또 앞의 전5식과 합쳐 전6식(前六識)이라고 합니다.

전6식까지는 별 문제가 없습니다. 즉 가치중립의 상태인 것입니다. 문제는 제7식인 말나식입니다. 이 식은 사량식이라는 이름에서 알 수 있듯이 제6식이 분별해 놓은 정보를 사량하고 판단하여 구체적인 행위를 결정합니다.

누가 나를 때렸을 때 제5식인 신식(身識)이 촉감의 정보를 제6식으로 전달하면 제6식은 '아프다'라는 분별을 합니다. 그러면 바로 제7식이 헤아려 활동을 합니다. '윽, 누가 나를 때렸지? 아니 저 자식이! 좋아 한판 붙어주지, 까짓 거.' 그리고는 코피가 터져라 주먹을 휘두르며 싸움을 하게 됩니다. 아니면 '아이고, 무서운 놈이구나, 도망가자.' 하고는 36계 줄행랑을 치기도 합니다. 제7식이 사량하여 결정하는 경우의 수는 우리의 24시간 모두라고 할 수. 있습니다. 그리고 제6식과 제7식의 활동은 거의 동시에 일어납니다.

그런데 중요한 것은 제7식의 행위는 업(業)이 되어 제8식인 아뢰야식에 고스란히 저장된다는 사실입니다. 마치 비행기의 블랙박스처럼 하나도 빠짐없이 우리들의 '운항기록'이 기억되어 저장됩니다. 그래서 장식(藏識)이라고 합니다.

세월이 흘러 언젠가 우리는 죽게 됩니다. 비

행기처럼 추락하기도 하겠지요. 일단 몸이 소멸하면 몸에 붙어 있던 5개의 감각기관이 사라지고 제6식도 사라집니다. 전6식이 사라지면 당연히 전6식을 근거로 활동하던 제7식인 말나식도 사라지게 됩니다.

7식까지 사라지면 지금까지 숨어 있던 제8식인 아뢰야식이 나타납니다. 아뢰야식은 육신이 소멸되어도 우리가 생전에 지은 행위의 결과인 업(業)을 씨앗처럼 품고 있기 때문에 종자식(種子識)이라고도 합니다. 이 식은 49일 동안 중음(中陰)을 헤매다가 자신의 업에 따라 다시 새로운 모태(母胎)를 찾아가게 됩니다. 수정란에 아뢰야식이 들어가면 태아는 성장을 하기 시작합니다. 그리고 아뢰야식의 영향을 받아 이제는 역으로 제7식이 생기고 차츰 몸이 갖추어지면서 나머지 6개의 식이 생기게 됩니다. 그러면 다시 아뢰야식은 깊이 숨어버립니다. 이상이 아주 간단하게 요약한 불교 유식론(唯識論)입니다.

그러면 우리는 끝없는 윤회의 수레바퀴에 매달려 어쩔 수 없이 살아야 하는 존재일까요?

아니면 이 한 생을 끝으로 존재가 영영 소멸되고 마는 일회적인 풀잎의 이슬 같은 존재일까요? 그렇지 않습니다. 삼계(三界)의 큰 스승이신 석가모니 부처님은 우리에게 그렇지 않다는 것을 몸소 보여 주셨습니다. 그리고 우리에게 윤회를 벗어나는 길을 가르쳐 주셨습니다.

사람은 물론이고 중생에게는 누구나 부처님의 성품인 불성(佛性)이 있습니다. 〈마음〉이라고도 하고 〈한 물건〉이라고도 하고 〈참나[眞我]〉라고도 하며 〈본래면목(本來面目)〉이라고도 합니다. 그러나 모두 임의로 붙인 명칭에 불과합니다. 우리가 중생에 머물러 있으면 결코 볼래야 볼 수 없고 만질래야 만질 수 없고 느낄래야 느낄 수 없는 것이지만 이것은 온 우주를 감싸고 있으면서 또한 우리들 모두가 지니고 있으며, 청정무구(淸淨無垢)하고 사량분별을 넘어 항상 또렷이 밝게 빛나고 있습니다.

그런 불성을 지니고있는 우리가 윤회의 굴레를 벗어나지 못하는 것은 바로 앞에서 말한 업의 결과로 생긴 〈무명(無明)〉 때문입니다. 이 무명이 햇빛을 가린 먹구름처럼 우리를 가로막고 있습니다. 그러나 구름에 가려있어도 해는 여전히 하늘 높이 빛나고 있는 것처럼, 〈참나〉는 우리 안에 여전히 빛나고 있습니다.

참선은 바로 이 〈참나〉를 찾는 작업입니다. 그리고 이 참선은 좌선으로부터 시작합니다. 한 가지 알아야 할 중요한 사실은 참선은 인간의 몸으로만 할 수 있다는 것입니다. 옛말에 '사람 몸 받기 힘들고 사람 몸을 받았어도 부처님 법 만나기 힘들다[人身難得 佛法難逢]'고 한 것은 바로 이런 이유에서입니다.

제7 말나식(末那識)

앞에서 우리는 8개의 식에 대하여 알아보았습니다. 그 중 우리가 제일 관심을 가져야 할 식이 제7식인 말나식입니다. 우리의 모든 판단과 행동은 바로 이 식을 통하여 나오고 그 결과가 업이 되어 저장되기 때문입니다. 동중 공부는 바로 이 말나식을 통제하여 참 나를 찾는 공부입니다.

업에는 선업(善業)과 악업(惡業) 그리고 무

기(無記)의 3종류가 있습니다. 선업과 악업은 설명할 필요가 없겠지요. 무기는 선도 악도 아닌 업을 말합니다. 밥을 먹는 것, 잠을 자는 것, 또 하늘이 파랗다고 생각하는 것이 바로 그것입니다. 그러나 무기 역시 업이기 때문에 제8식인 아뢰야식에 저장되는 것은 마찬가지입니다.

선업이나 무기는 문제가 되지 않습니다. 문제가 되는 업은 악업입니다. 악업이야말로 무명(無明)의 근본 원인이 되기 때문입니다. 악업은 크게 3가지로 나눌 수 있는데 몸으로 짓는 악업[身業], 말로 짓는 악업[口業], 마음으로 짓는 악업[意業]이 그것입니다. 이것을 3업이라고 합니다. 3업은 구체적으로 다음과 같습니다.

몸으로 짓는 것(3가지)-살생, 도둑질, 사음.
말로 짓는 것(4가지)-거짓말, 사기치는 말,
　　　　　　　　　　이간질 하는 말, 나쁜 말.
뜻으로 짓는 것(3가지)-탐내는 마음,
　　　　　　　　　성내는 마음, 어리석은 마음.

이 모든 악업을 합하면 10가지가 되므로 10

악이라고 합니다. 그런데 3업은 악업을 짓는 기관을 분류한 것일 뿐, 근본을 들여다보면 모두 제7 말나식의 작용이라는 사실을 알 수 있습니다. 몸 자체가 도둑질하는 것이 아니고 입 자체가 거짓말하는 것이 아닙니다. 몸이나 입은 제7 말나식의 도구일 뿐입니다. 어떤 사람이 돌맹이를 던져 유리창이 깨졌을 때, 그 책임은 던진 사람에게 있는 것이지 돌맹이에게 있는 것이 아닌 것과 같습니다.

말나식이 항상 판단을 잘 하여 선업을 짓는다면 문제는 없습니다. 그러나 무명에 가려진 아뢰야식에 의지해 활동하는 말나식은 우리의 판단을 항상 왜곡시키고 있습니다. 무명으로 가득 차 있는 아뢰야식에 의지해 판단하는 것이 말나식입니다. 이것은 마치 볼록거울로 사물을 보는 것과 같습니다. 볼록거울은 어느 쪽으로 보아도 사물의 본래 모습을 보여주지 않습니다.

우리는 그 말나식의 생각을 바로 자신의 생각이라고 착각하고 있습니다. 볼록거울에 비친 사물의 모습을 원래의 모습이라고 착각하는 것과 같습니다. 당연히 이 말나식은 참 나가 아님니다. 양의 탈을 쓴 늑대처럼 참 나의 탈을 쓴 거짓 나일 뿐입니다. 만일 이 말나식이 참 나라면 이 세상에 범죄란 존재할 수가 없습니다. 참 나는 악업은 물론이고 선업조차 짓지 않기 때문입니다.

제7 말나식은 항상 제8 아뢰야식을 참 나, 즉 나의 본체라고 고집[我執]하고 사랑합니다. 그래서 항상 '더럽고 끈질긴 4가지 버릇'인 〈4번뇌〉를 일으킵니다.

 1. 아치(我癡)-나의 참된 실상을 알지 못하는 미혹한 어리석음.
 2. 아견(我見)-실제로 내가 있다고 집착하는 그릇된 소견.
 3. 아만(我慢)-나를 믿는 마음이 너무 높아 거만한 것.
 4. 아애(我愛)-나라고 애착하는 것. 자애심(自愛心)

또한 〈5변행(五遍行)〉이 이 4번뇌와 함께 하는데 오변행이란 온갖 마음의 현상에 반드시 따라 일어나는 5종류의 심리 작용을 말합니다.

1. 촉(觸)-마음과 대상과의 인식론적인 접촉.
2. 작의(作意)-그 대상이 무엇인지 알아보려는
   생각.
3. 사수(捨受)-그 대상이 자기와 아무런 이해관
   계가 없기 때문에 그것을 인식하
   면서도 좋지도 싫지도 않은, 그저
   아무렇지도 않게 느끼는 것.
4. 상(想)-그 대상을 추상화하는 관념적인
   생각.
5. 사(思)-그 대상을 마음대로 구성하려는
   생각.

　말나식을 설명하다 보니 조금 복잡해졌습니다. 그러나 4번뇌니 5변행이니 하는 것들은 다 잊어버려도 상관이 없습니다. 단 하나, 제7 말나식이 왜곡된 생각이라는 것만 기억하기 바랍니다.

업력수생(業力受生)

우리는 업의 결과로 태어났습니다. 과거 생부터 우리가 지어 온 모든 행위는 업이 되어 그 업력에 따라 태어나는 것입니다. 업은 그 활동에 따라 다음의 3가지로 나타납니다.

성적업(成績業)-전생에서부터 누적된 갚아야 할 업의 더미.

발현업(發現業)-성적업의 일부로서 금생에 받아야 하는 업. 운명에 해당.

증가업(增加業)-금생에 새로 축적되어 내생으로 넘어가는 업.

여기서 우리는 과거의 업이 금생에 모두 나타나지는 않는다는 사실을 알 수 있습니다. 우리가 태어난 장소, 신체적 조건, 가정환경, 살아가면서 생기는 어려움 등은 발현업 때문입니다. 그런데 발현업만 있다면 우리의 운명은 언제나 고정되어 있기 때문에, 선업이다 악업이다 하는 행위 역시 업의 결과로 간주하고 자포자기하는 수밖에 없습니다. 자신의 의지가 개입할 여지가 없기 때문입니다. 흔히 점쟁이나 무당을 찾아가는 사람들은 이 발현업만 믿는 우매한 사람들입니다.

아기가 일단 업의 결과로 태어나면 처음에는 백지처럼 순수한 상태가 되어 선악의 판단을 하지 않습니다. 제8 아뢰야식은 다음을 기약하고 숨어버립니다. 아이는 자라면서 부모로부터 영향을 받고 자랍니다. 이 때가 가장 중요한 시기입니다. 천진무구한 아이의 성품에 새로운 가치관이 아무런 여과 없이 들어갑니다. 이런 경험을 바탕으로 아뢰야식이 서서히 활동을 개시하게 되며 그 결과 아이는 새로운 업을 짓게 됩니다. 이것이 증가업입니다. 순자(荀子)의 성악설(性惡說)은 우리가 과거생으로부터 쌓아 온 근본무명의 성품을 말한 것이라 볼 수 있고 맹자(孟子)의 성선설(性善說)은 우리가 본래부터 지니고 있는 진여자성의 청정무구함을 말한 것으로 볼 수 있습니다.

정신분석학자인 소울(Leon J. Saul) 박사의 임상연구에 의하면 개인의 한 평생을 좌우하는 개인의 인격형성은 태어난 직후부터 6년까지의 정신적 환경에 절대적인 영향을 받는다고 합니다. 그러나 불교에서는 태어나는 순간이 아니라 수태되어 아뢰야식이 들어가는 순간부터 영향을 받는다고 하고 있습니다. 예로부터 태교(胎敎)의 중요성을 강조한 것은 바로 이 때문입니다.

우리의 삶이란 전생에 지은 업과 금생에 짓는 업이 끊임없이 교차하며 현상계에 나타난 모습입니다. 금생에 지은 업은 그 과보가 바로 나타나기도 하고 다음 생으로 이월되기도 합니다. 원인 없는 결과는 없습니다. 술을 폭음하는 업을 지은 사람은 다음 생까지 갈 필요도 없이 바로 금생에 간이 나빠져 병에 걸리는 과보를 받습니다. 한편 금생에 선업만 짓고 산 착한 사람이라도 전생의 업이 무거운 까닭에 끊임없이 고통을 받기도 합니다. 마음공부를 하는 사람은 이런 사실부터 명확하게 인식해야합니다.

동중(動中)공부의 시작

우리는 매일 쉬지 않고 〈나〉라는 말을 씁

니다. ‘내가 좋아서 한 일이니까 상관하지 마.’ 라든지, ‘내가 얼마나 화가 났는지 너는 모를 거야.’ 라고 합니다. 그런데 여기서 말하는 〈나〉는 바로 왜곡된 제7식에서 나온 생각입니다. 참 나를 찾는 일은 이 왜곡된 제7식을 바로잡는 작업에서 시작합니다. 그러기 위해서는 항상 제7식을 관찰하고 통제해야합니다.

　나의 주인은 참 나입니다. 그런데 지금까지는 거짓 나[제7식]가 주인행세를 해왔습니다. 지금까지는 그것도 모르고 살았습니다. 가고, 머물고, 앉고, 눕고, 말하고, 침묵하고, 움직이고, 고요한 상태가 우리의 24시간인데, 이 24시간 모두 거짓 나의 판단에 맡겨둔 것입니다. 이 거짓 나는 과거의 나쁜 훈습(薰習)에 의해 늘 악업을 지으려고 합니다. 그리고 그 결과 새로 생긴 나쁜 업은 항상 참 나에게로 돌아옵니다.

　누가 나를 비난한다고 합시다. 직접 면전에서 비난할 수도 있습니다. 뒷전에서 나를 비난한다는 소문을 들을 수도 있습니다. 어떤 경우이든 마음이 불쾌해집니다. 설사 내가 비난받을 짓을 했다고 해도 면전에서 지적하면 기분이 나빠집니다. 겉으로는 인정하고 시인할지라도 속으로는 즐겁지 않기 마련입니다. 왜 그럴까요? 제7식이 가지고 있는 '나라는 생각[我見]'에 꽉 차 있기 때문입니다. '흥, 자기가 뭔데 나를 비난해. 자기는 얼마나 잘나서!' 라는 생각이 일어납니다.

공부는 이런 생각이 일어나기 전에 제7식을 관찰하고 통제하는 것입니다. 비난을 받았을 때 이렇게 해야 합니다. '아, 저 사람이 나를 비난하는구나. 왜 비난을 하는 거지?' 이렇게 스스로 생각을 해보고 잘못이 있으면 바로 인정을 해야 합니다. 물론 잘못이 없다고 생각하면 화가 날 것입니다. 그 때에도 화가 나는 제7식을 통제해야 합니다.

'나라는 것이 본래 없으니 나를 비난한다고 해도 나는 비난받는 것이 아니다. 그리고 참 나는 화라는 것을 모른다. 지금 거짓 나인 제7식이 나쁜 업의 훈습에 의해 화를 내려고 하는데, 그럴 필요 없다. 너는 주인이 아니다. 내가 주인이다. 내 말을 들어야 한다. 화를 내지 마라.'

나라는 것은 4대(地水火風)와 오온(五蘊-色

受想行識)이 인연 따라 임시로 모인 것에 불과합니다. 김 아무개, 이 아무개라는 이름을 가지고 있는 이 몸은 결코 영원한 것이 아니라 인연이 다하면 흩어지고 말 존재인 것입니다. 잠시 머무는 이 세상에서 누가 비난한다고 한들 눈을 부라리고 화를 낼 필요가 없습니다. 화를 내는 것이 도움이 된다면야 얼마든지 화를 내어도 좋지만, 이미 주어진 삶을 살아가는데 아무런 도움이 되지 못합니다. 성냄은 오히려 10악 중의 하나이기 때문에 업이 되어 이 생에서 아니면 다음 생에서 반드시 그 과보를 받아 다음 생의 무게를 더욱 무겁게 할뿐입니다.

　다행인 것은 무명에 가려진 제8 아뢰야식에 의지하는 제7식에는 참 나를 찾으려는 마음도 함께 들어있다는 사실입니다. 먹장구름에 해가 가려 있어도 그믐밤처럼 아주 깜깜해지지는 않습니다. 희미하지만 앞을 분별할 수 있는 빛이 있는 것입니다. 해가 우리의 진여자성이고 먹장구름이 우리의 근본무명이라면 희미한 빛은 참 나를 찾는 마음입니다. 그 빛은 먹장구름의 두께에 따라 밝기가 달라질 것입니다.

　　제7식은 순발력이 뛰어나서 경계에 부딪치는 즉시 반응을 보입니다. 우리는 지금까지는 그저 멍하니 아무 생각 없이 바라만 보고 있었습니다. 그러나 이제는 참 나를 찾는 이 마음이 주인입니다. 당당히 주인행세를 해야합니다.

　　조그만 가게가 있습니다. 주인과 직원 한 사람이 가게를 돌보고 있습니다. 그런데 이 직원이 가게 일을 모두 처리하고 있습니다. 주인은 으레 그러려니 하고 직원이 하는 모든 결정에 대해 아무 이의 없이 결제도장을 찍어주었습니다. 이 직원이 정직하다면 무슨 걱정이 있겠습니까. 하지만 이 직원은 옛날부터 주인을 속이는데 이력이 나 있었습니다. 장부를 속여 몰래 돈을 빼돌렸던 것입니다. 장사는 그런 대로 잘 되는 것 같은데 이상하게 날이 갈수록 빚만 늘어갔습니다. 바보 같은 주인은 그것도 모르고 계속 OK 사인만 내주다가 결국 망하고 맙니다.

　　조금이라도 정신이 있는 주인이라면 '아, 이거 아무래도 이상하구나. 저 녀석에게 맡길 것이 아니라 이젠 내가 직접 챙겨야겠어!' 할 것입니다. 가게에 오는 손님을 일일이 체크하고 직원이 내미는 장부를 무조건 사인을 해 주는 것이 아니라 조목조목 따지고 이상한 곳은 짚고 넘어갑니다. 지금까지 습관이 되어 있지 않아서 처음에는 어떻게 할 지 잘 모르지만 차츰 일을 익히니 직원이 속일 수 없게 됩니다. 더 이상 속일 수 없게된 직원은 더욱 교묘한 방법을 씁니다. 이 때 방심하면 겉으로는 잘 체크하는 것 같지만 결국은 망하는 같은 결과를 얻게 됩니다. 방심하지 않고 더욱 꼼꼼히 챙겨야 합니다. 결국 직원은 더 이상 속이지 못하고 주인의 말을 잘 따르게 될 것입니다. 어차피 이 직원은 가게를 떠나면 갈 곳이 없기 때문입니다. 동중공부는 이렇게 시작합니다.

참선은 좌선부터

동중선을 익히기 전에 우선 정중선인 좌선을 익혀야합니다. 처음부터 동중선이 잘 된다면야 얼마나 좋겠습니까. 그러나 좌선을 통하여 어느 정도 정력(定力)을 익히지 않으면 동중선이 잘 되지 않습니다. 그런데 좌선 역시 그 동안 익혀 온 훈습 때문에 처음부터 쉽지 않습니다. 좌선이 잘 안 되는 것은 대체로 다음과 같은 이유에서입니다.

첫째, 참선의 필요성을 느끼지 못한 경우.
이 경우는 대책이 없습니다. 세세생생 윤회의 길을 돌고 돌아 차츰 차츰 매(昧)해지다가 축생으로 태어나게 되고 축생에서 또 오랜 세월을 헤매다 다시 보잘 것 없는 사람으로 태어나 어쩌다 선업(善業)을 쌓게 되면 다음에는 좀 더 나은 모습으로 태어나겠지요. 그러다가 요행히 부처님 법을 만나 환희심으로 다시 본래면목을 참구하게 되면 다행일 것입니다. 그런데 어차피 참 나를 찾아야 될 일이라면 금생부터 시작하는 것이 좋지 않겠습니까.

둘째, 다리 등 몸이 아파 오래 앉아 있지 못한 경우.
좌선을 쉽게 포기하는 경우가 바로 이 경우입니다. 처음 좌선을 하면 누구든지 다리가 아프고 온 몸이 비틀립니다. 그러나 이것은 너무

나 당연한 일이니까 실망할 필요가 없습니다. 고통이 제5식에서 감지되면 제6식을 통해 아픔이라는 분별의식이 생깁니다. 그러면 제7식이 고통을 느끼고 '다리가 아프니 다리를 풀어야지.' 하고 헤아린 후 행동에 옮깁니다.

제7식은 제6식의 분별을 근거로 행동하지만 그 행동의 기준은 지금까지 훈습(薰習)된 제8식인 아뢰야식입니다. 그 아뢰야식은 무시이래 우리의 무명업식이 저장되어 있는 곳입니다. 당연히 잘못된 판단이 나오기 쉽습니다. 참선을 하기 전까지 평소 우리는 잘못 일 수도 있는 제7식의 판단에 맹목적으로 따라 다니고 있었던 것입니다. 그래서 아프다는 느낌이 있자 마자 다리를 풀어버립니다. 즉, 가짜의 자기가 내린 결정이 자신의 진심이라고 속아온 것입니다.

다리가 아프거나 어깨가 저려올 때 급하게 몸을 풀지 말고 차분하게 관(觀)을 해 보십시오. 지금 아프니 다리를 풀라는 제7식의 명령이 정당한가를. 참 나를 찾는 〈마음의 필터〉로 한번 걸러 보라는 말입니다. 그리고 과연 무엇이 아픈가를 찾아보십시오. 최대한으로 참아야 합니다. 눈물이 날 때까지 버텨야 합니다. 당연히 처음에는 힘이 들것입니다. 그렇지만 포기하지 않고 계속 하면 제어될 수밖에 없습니다.

자식을 사랑하는 어머니가 있습니다. 너무 지나치게 사랑한 나머지 아이가 원하는 것은 다 들어주었습니다. 아이는 먹는 것을 좋아해서 24시간 언제든지 먹고 싶을 때 먹었습니다. 그러다 보니 비만해져서 어린 나이에 당뇨가 나타나는 등 건강을 해치게 되었습니다. 의사의 진단은 단호합니다. 식이요법밖에 아이의 병을 고칠 방도가 없다고 합니다. 그 때부터 아이를 살리기 위해 어머니는 음식을 조절하여 주기 시작했습니다.

언제든지 마음대로 먹던 아이는 영문을 모른 채 어머니에게 울며불며 먹을 것을 달라고 떼를 씁니다. 이 때 마음이 약해져 이전처럼 주다가는 아이의 건강이 더 악화될 것입니다. 그래서 애처롭지만 식단에 의한 음식을 일정량만 주고 그 외에는 아이가 먹을 것을 달라고 울다가 실신할 정도가 되어야 비로소 조금 줍니다. 실신하는 것도 문제가 되니까요. 그런 과정이 계속 되면 결국 아이는 달라진 환경에 순응할 수밖에 없다는 것을 알게 됩니다. 한달 후면 하루 3끼만 주어도 군말하지 않을 것입니다. 떼를 써도 통하지 않으니 포기하게 됩니다. 그것이 결국 아이를 살리는 길입니다.

우리의 몸은 바로 비만아와 마찬가지로 지금까지 제 멋대로 지냈습니다. 다리가 아프면 다리를 뻗었고 등이 가려우면 등을 긁었습니다. 그러다 보니 무명(無明)이라는 지방질로 비만이 되었습니다. 비만을 고치기 위해 의사[부처님]는 참선요법을 처방해 주었습니다. 참선을 하려니 우선 좌선이라는 식이요법을 해야합니다. 그러자 지금까지 하고 싶은 대로 놀던 육신은 놀라 울며 떼를 쓰기 시작합니다. 아픔이라는, 또는 가려움이라는 울음을 울며. 이 때 요구를 들어준다면 만사휴의(萬事休矣)입니다. 실신 바로 직전에 조금만 요구를 들어주어 길을 들여야 합니다. 이제는 요구한다고 다 들어주지 않는다는 사실을 인식하도록 길들여야 합니다. 그 것만이 병을 치료하는 유일한 방법이니까요. 그리고 그 일은 누구든 반복된 훈련에 의해서 가능

합니다. 눈물이 나올 때까지 제7식을 제어하며 참는 것이 중요합니다.

좌선은 반가부좌보다 결가부좌를 해야 합니다. 반가부좌를 하면 편하기는 하지만 몸의 균형이 맞지 않습니다. 결가부좌를 하면 하체는 태산처럼 굳건해집니다. 석탑의 기단처럼 천년의 비바람에도 의연합니다. 기초가 태산 같으니 상체는 저절로 안정이 됩니다. "반가부좌도 힘든데 어떻게 결가부좌를 해욧!" 하고 소리치지 마십시오. 처음부터 결가부좌를 잘 하는 사람은 없습니다.

조사스님들께서 반가부좌도 괜찮다고 한 것은 행여 결가부좌가 어려워 좌선 자체를 포기할까봐 염려하신 노파심 때문입니다. 단 5분이라도 결가부좌를 연습하십시오. 처음에는 눈물이 나올 겁니다. 다 업장이 녹는 징조라고 생각하며 견디면 얼마 후에는 부처님의 금강좌 모습과 같아질 날이 올 것입니다. 그제야 몸을 조복(調伏)받았다는 말을 할 수 있습니다. 처음에는 5분을 견디기 힘들겠지만 얼마 후면 30분 정도 지나도 눈썹만 약간 찡그릴 뿐입니다. 초

심자여서 정 어려우면 반가부좌부터 시작하는
데 반가부좌를 하고 30분 정도 앉아 있을 정도
가 되면 결가부좌를 할 자격을 얻은 셈입니다.
일단 초보 딱지를 떼었다면 한 단계 올려 결가
부좌로 들어가야 합니다.

엉덩이를 받쳐주는 뒷좌복일랑 치워버리십
시오. 뒷좌복은 수련원에서 생짜배기를 데려다
좌선을 시키려니 할 수 없어 일시적인 방편으
로 사용하는 것입니다. 적어도 자신이 생짜배기
가 아니라고 생각한다면 뒷좌복은 던져버리십
시오. 그것은 허리를 피곤하게 만드는 원수입니
다. 뒷좌복을 받쳤을 때와 그렇지 않았을 때,
옆에서 찍은 X레이 뼈 사진을 생각해 보십시
오. 어느 모습이 허리뼈의 부담을 더 주는 자세
인가를. 결가부좌를 하면 뒷좌복은 깔고 싶어도
깔 수가 없습니다. 발목이 부러질 정도로 아프
기 때문에 10년 수좌도 30분 견디기 힘듭니다.
허리도 너무 꼿꼿이 세우면 오래 견디지 못합
니다. 자연스러운 척추 뼈의 모양을 유지하는
것이 중요합니다.

손은 오른 손 위에 왼 손을 포개고 엄지를

둥글게 모아 배꼽 아래 5cm 정도에 있는 단전에 가까이 하고 발목 교차지점 위에 올려놓습니다. 마음을 모으기 위해서는 이 방법이 제일입니다. 어떤 이는 주먹 쥔 두 손을 각각 양 무릎 위에 올려놓기도 하는데 그렇게 하면 몸의 기가 모아지지 않고 흩어져 단전이 허해져 집중이 잘 되지 않습니다. 한번 해 보면 금방 그 차이를 알 수 있을 것입니다.

셋째, 화두에 대한 의심이 일어나지 않고 혼침(昏沈)과 망상(妄想)만 치성한 경우.

일단 몸을 조복(調伏) 받았으면 화두를 드십시오. 화두는 여러 가지가 많지만 〈이 뭣고〉를 권합니다. 이 뭣고는 다름 아닌 〈참나〉를 참구하는 것입니다. 언제나 나에게 존재하고 있다는 참된 나. 제7식의 행위를 주도하는 가짜의 나가 아닌 진짜의 나는 과연 무엇인고…제불보살과 역대 조사(祖師)와 천하 선지식(善知識)들이 한결같이 〈각자 가지고 있으니 잘 찾아 보라〉고 한 나의 참 모습. 이것이 과연 무엇인고…… 이 뭣고…… 이 뭣고…… 이렇게 알 수 없는 참 나를 깊이 궁구(窮究)하는 것입니다. 도대체 지금 알 수 없으니 자연히 의문[의심]이 일어나게 됩니다. 만 일 참 나를 알았다면 깨쳤다는 말인데 지금 나는 깨치지 않았으니 참 나를 모른다는 말이고, 모르니 알고 싶어 의심이 날 수 밖에 없습니다.

이 화두는 사량분별(思量分別)을 허용해서는 안 됩니다. 당연합니다. 사량분별은 제7식의 전매특허이니까요. 사량분별로 화두를 드는 것은 마치 고양이에게 생선을 맡기는 꼴입니다. 고양이가 맡긴 생선을 날름 먹고 말 듯이 사량분별은 화두를 망상으로 바꾸어 가지고 놀 것입니다. 사량을 하지 않으니 화두를 들면 그저 막막합니다. 이 모습을 조사스님들은 은산철벽(銀山鐵壁)이 가로막고 있는 상태로 설명하고 있습니다. 막막하여 답답한 상태를 느끼면 오히려 그것은 화두가 잘 들리고 있는 증거니 더욱 분발할 일입니다. 그런데 몸이 편안하면 망상이 밀려옵니다. 망상은 전5식을 통한 제6식에서 일어나는 것과 제6식 자체에서 일어나는 것이 있습니다. 물론 최종적인 활동은 제7식이 하는 것이

지요.

늦은 가을, 비가 하염없이 내리는 날 전면이 통유리로 된 카페에서 혼자 커피를 마시고 있는 사람이 있습니다. 그 사람은 창 밖을 바라보며 사색을 합니다. 눈으로는 창 밖에서 내리는 빗물을 보고, 코로는 커피 향을 맡고, 입으로는 커피 맛을 음미하고, 몸으로는 따듯한 실내 온도를 느끼며, 귀로는 옆자리에서 이야기하는 사람들의 말을 듣고 있습니다. 마음으로는 옛 추억을 더듬기도 하고 장래 일을 생각하기도 합니다. 낭만적인 풍경 같지만 공부하는 분상(分上)에서 보면 이 사람은 현재 망상에 푹 빠져 있는 상황입니다.

좌선을 하는 이유는 바깥경계로부터 들어오는 이런 전5식을 통한 망상을 제어하기 위해서입니다. 평상시 우리는 잠잘 경우를 제외하고는 5감(感)을 통한 정보를 끊임없이 받고 있습니다. 이 정보는 모두 번뇌망상의 근원입니다. 제한된 공간에 우리 몸을 고정시켜 두는 좌선은 현재의 5감을 차단하여 망상이 일어나는 근원을 막아줍니다. 몸을 움직이지 않으니 「안이비

설신(眼耳鼻舌身)」이 쉬어집니다.

그래도 일어나는 망상은 제6식 자체에서 일어나는 것입니다. 제6식에는 전5식을 통하지 않고 스스로 과거에 대한 기억을 해내는 능력이 있습니다. 다만 제6식은 단편적인 상(相)만 떠올릴 뿐이고 그 상을 연결하여 소설을 쓰고 각색을 하여 영화로 만드는 '위대한 감독'은 언제나 제7식입니다. 그래서 앉아있으면서 우리는 미국과 일본을 마음대로 날아다니고 과거와 미래도 자유자재로 왕래합니다. 5감이 멈추니 오히려 더 치성합니다. 이것은 당연한 일입니다. 왜냐하면 우리는 평소 한시도 망상에서 벗어나 본 적이 없기 때문입니다.

좌선을 하지 않는 평상시에는 감각적인 전5식에 치중하기 때문에 망상은 잠깐 숨어 있습니다. 눈앞의 현실에 마음이 급급하기 때문입니다. 그러나 아주 사라진 것은 아니어서 틈만 나면 모습을 드러냅니다. 앞에서 예를 든 커피 마시는 사람의 경우처럼 '동시상영' 할 때가 더 많습니다. 망상이 일어나는 이유도 몸이라는 비만아의 경우처럼 그 동안 〈마음〉 이라는 비만

아를 자유방임주의로 키웠기 때문입니다.

좌선은 모든 공부의 기초이기 때문에 좌선을 빼놓고 공부를 이야기하는 것은 기초공사가 부실한 상태에서 건물을 올리는 것과 같습니다. 기초가 잘 되어 있어야만 건물을 올릴 수 있습니다. 그러나 건물을 올리지 않으면 잘 다진 기초도 아무 쓸모 없게 됩니다. 정중공부인 좌선이 기초공사라면 동중공부는 건물과 같습니다.

역류(逆流)공부

우리는 좌선할 때 망상을 제어하고 참 마음을 찾습니다. 망상이 일어나면 그것이 망상인 줄 알아차릴 수 있습니다. 망상이 일어난 것을 알아차렸다면 바로 다시 '이 뭣고'로 돌아갈 수 있습니다. 좌선시간은 망상과 화두가 끊임없이 반복하는 시간입니다. 처음에는 망상으로 한 시간을 다 보내겠지만 포기하지 않고 화두를 계속 들면 망상이라는 '비만아'도 차츰 고분고분해질 것입니다.

좌복에 앉아 있을 때는 특별히 새로 업을

지을 일이 없습니다. 망상은 업의 나툼일 뿐이기 때문입니다. 그러나 일상생활에서는 왜곡된 제7식의 명령으로 업을 짓게 됩니다. 모든 행위는 무의식중에 제7식의 명령을 따르고 있습니다. 남이 나를 칭찬하면 좋아하고 비난하면 미워합니다.

내 자식, 내 남편, 우리 와이프, 우리 식구, 우리 민족이라는 한계를 지어 남에게는 배타적입니다. 남이 잘되면 질투를 합니다. 꼭 내 자식이 일류대학에 들어가게 해 주십사 기도합니다. 직장에서 남을 밟고 올라서는 것이 당연하다고 생각하여 상사에게는 교언영색(巧言令色)하고 부하에게는 권위를 내세웁니다. 그러나 이 모든 것이 하나도 빠짐없이 기록되고 있다는 사실은 모르고 있습니다.

공부를 하려면 무엇보다도 우선 더 이상의 악업은 끊고 선업을 쌓아야 합니다. 7불통게(七佛通偈)를 기억하기 바랍니다.

모든 악은 짓지 말고(諸惡莫作)
많은 선을 받들어 행하며(衆善奉行)

스스로 그 마음을 맑혀라(自淨其意)

이것이 모든 부처님의 가르침이니라(是諸佛教).

바닷물이 짜다고 해도 맑은 물을 계속 부으면 염도가 묽어지듯이, 선업은 악업을 희석시킵니다. 그래서 비록 금생에는 깨달음을 이루지 못하더라도 다음 생에는 더 좋은 조건을 갖고 태어날 수 있게 됩니다. 일단 다음 생이 금생보다 낫다고 한다면 죽음이 두려울 까닭이 없습니다. 지금까지 입었던 옷 보다 더 좋은 새 옷이 기다리고 있는데 주저할 이유가 없습니다. 죽음이 두려운 사람은 자신의 지난 행위로 볼 때 나쁜 옷이 기다리는 것을 알기 때문입니다. 그런 사람일수록 억지로 목숨을 연장하려고 주사를 놓고 약을 먹습니다. 제발 살려달라고 의사에게 빕니다. 그러나 다 부질없는 일입니다.

선업을 쌓으려면 마음을 열어야합니다. 마음을 열기 위해서는 따로 마음을 낼 필요가 없습니다. 항상 제7식의 관찰자가 되어 관리하기만 하면 됩니다. 무의식중 훈습에 의한 행동이 나오는 것을 통제하는 것입니다.

일상생활에서 우리는 매일 많은 사람과 만납니다. 집에서든 밖에서든 항상 미소를 지으며 지내는 것이 중요합니다. 찡그린 얼굴은 다른 사람의 마음을 불편하게 만드니 좋은 업이 아닙니다. 〈성 안내는 그 얼굴이 참다운 공양구(供養具)〉라는 문수보살 게송이 있습니다.

화가 나는 일이 생기면 화를 내기 전에 먼저 화를 내려는 마음부터 살펴야 됩니다. 운전을 하는데 갑자기 끼여들기 하는 운전자가 있습니다. 아슬아슬한 순간 급정거로 겨우 사고를 면했습니다. 그런데 앞차는 사과도 하지 않고 내빼고 있습니다. 욕이 저절로 입에서 나옵니다. 이 때 욕을 하려는 제7식을 관리해야 합니다. 앞차의 운전자는 내가 욕을 하든 안 하든 이미 나쁜 업을 지었습니다. 그런데 내가 욕을 하면 상대가 지은 나쁜 업과 상쇄되는 것이 아닙니다. 내가 욕을 하면 상대방과 관계없이 나도 새로 구업을 짓는 것입니다.

욕을 하는 대신 혹 나도 과속을 한 것이 아닌가 돌아보아야 합니다. 사고가 안 났으니 다행이며 다음부터는 더 주의를 기울여 방어운전을 해야겠다는 생각으로 마음을 돌려야 됩니다. 그러면 이 생각은 선업이 됩니다.

공부는 바로 이 순간에 일으켜야 합니다. 선업에서 끝나면 싱겁습니다. 그것은 수행이 아니라 수양입니다.

〈욕을 하려는 것은 제7식이다. 그런데 욕을 하려는 놈은 그만두고 참 나는 누구인고…… 이 뭣고……〉

이렇게 화두로 바로 돌려야 합니다. 이것이 바로 「들음을 돌이켜 자성을 듣는다[反聞聞自性]」의 도리입니다. 어떤 상황에 부딪쳤을 때 그 상황에 반응하려는 제7식을 통제하는 것으로 그치는 것이 아니라 그치는 순간 바로 자성을 찾는 마음을 일으키는 것입니다. 잠자는 시간을 뺀 나머지 시간을 모두 이런 「반문문자성」으로 돌이키는 것이 공부의 핵심입니다. 이것을 〈역류(逆流)공부〉라고 합니다.

순류(順流)는 우리의 마음이 늘 눈에 보이고 귀에 들리는 현상에 이끌려 순순히 따라가는 것입니다. 그러면 청각(聽覺)은 소리를 넘지 못하고 시각(視覺)은 모양을 넘지 못하여 사량분별이 뚜렷합니다. 역류는 그런 마음을 챙겨 거슬러 자성의 소리를 듣고 자성의 모양을 보는 것입니다. 허운(虛雲)스님은 『참선요지(參禪要旨)』에서 다음과 같이 말씀하십니다.

"우리는 화두를 비추어 본다거나 들음을 돌이켜 자성을 듣는다거나 하는 것이 절대로 눈동자를 사용하여 보거나 귓부리를 사용하여 듣는 것이 아님을 알아야 한다. 만약에 눈동자를 사용하여 본다거나 귓부리를 사용하여 듣는다면 이는 소리를 따르고 빛을 좇아 물건에게 부림을 받는 것이어서 순류(順流)라 부른다. 만약에 오롯한 한 생각이 「불생불멸(不生不滅)」 가운데서 소리를 따르거나 빛을 좇지 아니하면 이를 역류(逆流)라 부르며, 화두를 돌이켜 비추어 본다, 또는 들음을 돌이켜 자성을 듣는다 라고 한다."

스리 라마나 마하리쉬는 참된 나를 찾는 공

부 방법으로 다음과 같이 가르치고 있습니다.

　　"늘 마음이 일어나는 근원을 자각하며 깨어 있어야 하며, 자기 아닌 것들로부터 주의와 관심을 거두어들여 마음의 근원에 머무르면서 참된 자기인 참 나를 자각하라. '나'라는 내면의 느낌에 주의를 기울이되 가능한 한 오래 그 느낌을 유지하라. 만일 딴 생각에 의해 주의가 분산되면, 그것을 알아차렸을 때마다 육체와 마음의 모든 활동에 대해 책임을 지고 있다는 생각이 드는 '나'라는 생각의 자각으로 복귀하라(大晟스님 역)."

　　이 공부는 재가자와 출가자를 구분하지 않습니다.

2. 공부의 선결조건

마음공부에 있어서 먼저 챙겨야 할 일이 있습니다. 공부인이 일상생활 가운데에서 챙겨야 할 일은 발원(發願)과 음식과 잠, 그리고 습관입니다.

즉, 공부인이 따라야 할 행위의 준칙은 ①나와 남을 이롭게 하겠다는 서원을 세움 ②적당한 음식과 ③적당한 잠 ④적당한 말 그리고 ⑤잘못된 습관을 바로 잡는 것입니다.

발원(發願)

마음 공부하는 사람은 먼저 발원(發願)을 해야 합니다. 깨달음을 구하는 것이 오로지 나 하나의 안락을 위한 것이 아니라 나에게도 좋고[自利] 다른 중생들도 좋은[利他] 결과를 기원하는 보살의 마음이 있어야 합니다. 이런 마음이 없으면 바른 공부가 되지 않습니다.

만일 부처님께서 자신만 생각하여 초전법륜

(初轉法輪)을 굴리지 않으셨다면, 2500년이 지난 오늘날까지 우리는 참 나의 존재를 모른 채 언제까지나 헤매고 있을 것입니다.

중생(衆生)을 다 건지겠습니다.
번뇌(煩惱)를 다 끊겠습니다.
법문(法門)을 다 배우겠습니다.
불도(佛道)를 다 이루겠습니다.

불자라면 다 익히 아는 이 4가지 큰 서원[四弘誓願]을 항상 마음에 품고 있어야 합니다. 이 발원은 그 자체만으로도 우리의 마음을 맑혀줍니다. 맑은 마음은 평화롭습니다. 기도 역시 자기 가족만 위하는 기도는 비록 지극히 공을 들인다해도 별 영험이 없습니다. 이기적인 사람은 폐쇄적인 사람이며 자기중심적인 행복 추구자입니다. 그런 사람은 자기 자신이 행복 자체이면 참사람[眞人]인 것을 깨닫지 못하고 대신 행복을 자기의 밖에 두고 집요하게 추구해야 할 것으로 여기기 때문에 진정한 행복을 얻지 못합니다. 사실 그는 환상적인 대상을 추구하고 있을 뿐입니다.

음식

음식은 몸을 유지하는 에너지이지만 만병의 근원이 될 수도 있습니다. 과식은 절대 금물입니다. 공부를 하기로 마음먹었다면 양을 평소의 80%로 줄여야합니다. 습관적으로 먹는 간식은 좋지 않습니다. 또 섭취하는 음식의 종류에 따라 사람의 생각의 양과 질에 영향을 미치기 때문에 가능하면 수행에 도움이 되는 음식을 먹는 것이 좋습니다. 모든 음식은 그것을 먹었을 때 나타나는 마음의 상태에 따라 순수성 식품, 활동성 식품, 그리고 나태성 식품으로 나누어집니다.

순수성 식품-곡류, 과일, 채소 및 낙농제품. 이러한 식품을 위주로 한 식사는 수행자가 고요하고 안정된 마음의 상태를 유지하는데 도움을 줍니다.

활동성 식품-육류, 생선, 그리고 마늘이나
　　　양파와 같은 맵고 자극성이 강
　　　한 음식. 이러한 음식을 먹으면
　　　마음이 지나치게 활동적이 되어
　　　생각이 많아지고 감정의 기복이
　　　심해집니다.

나태성 식품-술, 부패하거나 상한 음식. 이
　　　러한 음식을 먹으면 마음이 무
　　　디어지고 무감각해져서 정신이
　　　흐려집니다.

맛있는 음식을 찾아다니는 것은 식탐(食貪)
에서 비롯합니다. 욕심은 추구해야할 일이 아니
라 버려야 할 일입니다. 음식을 대할 때마다 오
관게(五觀偈-상기해야 할 다섯 가지 사항)를 염
(念)하면 식탐이 사라집니다.

　〈오관게(五觀偈)〉

이 음식이 어디서 왔는고.
내 덕행으로 받기가 부끄럽네
마음의 온갖 욕심을 버리고
몸을 보호하는 약으로 알아
깨달음을 이루고자 이 공양을 받습니다

집에서는 가족이 모두 합장하고 진지한 마음으로 소리내어 외우고, 점심 때 식당에서 다른 사람과 같이 식사를 하게 되는 경우에는 합장하고 속으로 염하여 음식을 대하는 마음을 챙겨야 합니다.

잠

수행에 있어서 잠은 첫 번째 장애입니다. 잠은 적당하게 자야 합니다. 많거나 적으면 정신이 흐려집니다. 6시간에서 8시간이 적당합니다. 자신의 일상생활에 맞추어 시간을 정하면 됩니다. 잠에 영향을 주는 것은 음식입니다. 너무 많이 자지 않기 위해서는 생각[마음의 활동, 즉 망상]을 많이 하지 않아야 하고 순수성 식품을 적당한 양으로 먹어야 합니다. 또 지나친 육체 활동도 피해야 합니다. 생각과 음식과 활동을 조절하면 잠을 조절할 수 있게 됩니다.

현대인의 일상생활은 바쁘기 때문에 늘 잠이 부족하여 피곤하다고 합니다. 몸과 마음의 피로를 풀고자 일과가 끝나면 동료들끼리 모여서 밥을 먹고 고기를 굽고 술을 마십니다. 술이 취하여 속에 쌓였던 말을 실컷 하니 스트레스가 풀린 듯 하지만 결국엔 몸만 축납니다. 꼭 필요한 자리가 아니라면 이런 틀에 박힌 일과에서 과감히 빠져 나와야 합니다.

스트레스는 따지고 보면 외부에서 오는 것이 아닙니다. 눈으로 보고 귀로 듣는 감각적인 현상에 집착할 때 생기는 마음의 작용일 뿐입니다. 공부하는 사람은 외경(外境)에 끄달리지 않아야 합니다.

상사로부터 나무람을 듣더라도 기분이 나빠질 이유가 없습니다. 내가 잘못했다면 고칠 것이요 잘못이 없다면 무시하면 됩니다. 쓸데없이 자신을 변호하는 말을 길게 늘어놓아 티격태격할 필요가 없습니다.

만일 기분이 상하면 바로 〈역류공부〉를 해야 합니다. 먼저 '상한 기분'을 관찰해보고 그 기분이라는 것이 왜곡된 제7식의 작용이지 참나가 아니라는 사실을 알아차린 후 즉시 '기분 나빠함'을 그만두고 돌이켜 화두를 들어 참 나를 찾으면 평정을 되찾을 수 있습니다.

「억울함을 당할지라도 굳이 변명하지 말라. 억울함을 변명하다 보면 원망하는 마음이 생기게 되나니, 그래서 성인이 말씀하시기를 억울함을 당하는 것으로써 수행하는 문을 삼으라 하셨느니라.」 보왕삼매론(寶王三昧論)의 말씀입니다.

불면증 역시 망상에서 생깁니다. 잠이 오지 않으면 누워서 쓸데없는 생각으로 뒤척일 것이 아니라 눈을 감은 채 좌선을 할 때처럼 화두를 들어 망상을 물리치면 낮 동안 피곤해진 몸이라 곧 잠이 오게 됩니다. 잠이 오지 않으면 계속 화두를 들게되어 공부를 하는 것이니 억지로 잠이 오지 않는다고 조바심 낼 필요가 없습니다.

말

　〈입은 재앙의 문[口是禍門]〉이라고 했습니다. 꼭 필요한 말 외에는 입을 굳게 다물어야 합니다. 말은 생각에서 나오기 때문입니다. 생각은 곧 망상입니다. 말을 하면서 화두를 챙기기는 참 어렵습니다. 묵언(默言)을 하면 생각을 안으로 돌이키는 일이 쉽습니다. 묵언은 그래서 예로부터 중요한 수행법의 하나입니다.

　절 집 큰방에 가면 삼함(三緘)이라는 글이 쓰여 있습니다. 말을 하기 전 입을 세 번 봉한다는 말입니다. 세 번 신중하게 생각해보고 말을 하라는 뜻입니다. 말을 하는 사람도 좋고, 말을 듣는 사람도 좋고, 하는 말 자체도 좋을 때 비로소 말을 해야 합니다. 음담패설이나 욕설은 비록 당사자들이 좋다고 하여도 말 자체가 좋지 않기 때문에 하지 말아야 합니다. 가벼운 농담이나 우스개는 인간관계에서 윤활유 역할을 하기도 하므로 도학자(道學者)처럼 엄격하게 금할 필요는 없지만 습관적으로 그 자체를 즐기는 일은 삼가야 합니다.

친구와 전화를 한 시간 이상 하노라고 자랑하는 사람이 있습니다. 자랑할 일이 아닙니다. 이 말은 한 시간 동안 망상의 늪 속에서 허우적거렸노라는 말과 같습니다. 시시콜콜한 신변잡사와 남의 흉을 보며 희희낙락하는 것이 고작입니다. 법문을 한 시간 하더라도 몸에서 기(氣)가 많이 빠져나가는데 망상 한시간이야 말할 것도 없습니다. <안녕하세요>, <애들아 밥 먹어라> 같은 말까지도 무의식중에 나오지 않고 삼함이 되면 공부가 익었다고 할 수 있습니다.

도가(道家)에서는 그들의 궁극적 목표인 불로장생의 비결로 삼소법(三少法)을 들고 있습니다. 생각을 적게 하는 사소(思少), 말을 적게 하는 언소(言少) 그리고 음식을 적게 먹는 식소(食少)가 그것입니다. 이것은 참선 공부를 제대로 하면 몸은 저절로 건강해 질 수밖에 없다는 것을 증명해주고 있습니다. 참선을 너무 열심히 했더니 몸이 피곤하다는 말은 그래서 설득력이 없습니다. 몸을 돌보지 않고 억지로 오래 앉아 버티는 것을 자랑하지 않아야 합니다. 무조건

오래 앉아 있는 것이 중요한 것이 아닙니다. 정
말 중요한 것은 언제 어디서든 마음을 챙기는
것입니다.

습관

습관은 제2의 천성이라는 말이 있듯이, 습관
은 대부분 금생에 만들어진 것입니다. 잠자기
전 조용히 오늘 하루를 생각해 보면 얼마나 아
무런 의식 없이 행동으로 옮긴 일이 많은 지
알 수 있습니다.

사람들은 매일 일어나서 신문을 보고 사무
실에서 커피를 마시고 담배를 피우고 집에 돌
아와서는 TV를 봅니다. 전화도 습관적으로 하
는 사람이 많습니다. 혼자 있을 때 어디서 전화
가 오지 않을까 전화기만 노려보고 있습니다.
누구와 통화를 하지 않으면 무슨 큰 일이나 날
듯이 조바심을 냅니다. 기다리다 지치면 수첩을
뒤적여 전화 걸 상대를 물색하여 전화를 겁니
다. 삐삐나 휴대폰도 늘 곁에 대기하고 있습니
다. 필요에 의한 것이라면 문제될 것이 없습니

다. 습관적인 것이 문제입니다.

신문을 보는 사람은 하루라도 신문을 보지 않으면 초조해서 일손이 잡히지 않는다고 합니다. 일요일에도 신문이 오는 이유가 그래서 생겼습니다. 현대인은 모두 뉴스중독자입니다. 어제 일어난 사건 사고나 유명인의 일거수 일투족을 모르면 시대에 뒤떨어진 사람이 되는 줄 알고 있습니다. 가정에서 학교에서 직장에서 대화의 화제는 늘 그런 것들입니다. 다이애나가 죽었어도 세상은 변하지 않습니다. 그런 교통사고는 매일 일어나는 일상사에 불과합니다. 죽었다는 사실을 알았다고 덕이 될 것도 없고 몰랐어도 손해보지 않습니다.

뉴스는 뉴스 자체의 속성이 있습니다. 그것은 끊임없이 자극적인 소식을 전함으로써 시청자의 시선을 붙잡아 두려는 것입니다. 시청률이 바로 광고수입이 되기 때문입니다. TV의 일일연속극이나 주말연속극도 마찬가지로 중독증이 있습니다. 예전에 SBS TV에서 〈모래시계〉라는 극을 방송했을 때 얼마나 사람들이 열광을 했던지 방송시간에는 시내가 한산했을 정도였다고 합니다.

몇 년이 지난 지금 본 사람과 안 본 사람과 무슨 차이가 있습니까? 그런 것은 모두 일회적인 것입니다. 마시면 마실수록 갈증을 느끼는 소금물과 같은 것입니다. 영화도 마찬가지입니다. 한 달에 한번 영화를 보지 않으면 문화생활을 못하는 사람이라는 생각을 합니다. 비디오감상을 유리한 소일거리로 삼고 있는 사람도 많습니다. 항상 의식을 바깥으로 두고 있기 때문입니다.

좋은 작품이야 가끔 볼 필요도 있겠지요. 중요한 것은 하루 중 많은 시간이 별다른 의식 없이 일어나는 습관성 행동으로 보내고 있다는 것입니다. 빠르게 변하는 세상의 모든 것을 따라가려면 다리가 찢어집니다. 너 먼저 가거라, 나는 좀 천천히 따라갈 테니. 이런 마음이 필요합니다. 언뜻 보면 정신없이 변하고 있는 것 같지만 사실 거의 대부분은 반복되는 것입니다. 변하는 것은 많지 않습니다.

뉴스도 잘 살펴보면 매일 반복되는 것입니다. 정치인들의 싸움도 30년 전이나 지금이나 변하지 않았습니다. 올라오는 사건 사고 소식도 마찬가지입니다. 간혹 필요한 생활정보랍시고 올라오는 〈여름철 자동차 관리요령〉, 〈위암에 좋은 식품〉, 〈겨울철 피부관리〉 등도 매년 반복되는 연례행사입니다. 작년에도 재작년에도 틀림없이 올라왔을 것입니다.

인터넷이 세상의 주요 생활수단이 되어가고 있지만 모든 사람에게 인터넷이 필요한 것은 아닙니다. 그리고 필요한 사람은 필요에 따라 잠깐 배우면 그만입니다. 특별한 기술이 필요하지 않습니다. 정보의 시대에 살기 때문에 사람들은 많은 정보를 알아야 뒤떨어지지 않는다는 강박관념에 사로잡혀 있습니다. 그 주범이 바로 매스컴입니다. 하지만 지금 시대는 많이 안다고 자랑할 필요가 없습니다. 머리 속에 잡다한 지식을 잔뜩 집어넣고 있을 것이 아니라 필요한 지식을 찾는 방법 하나만 알면 족합니다. 자동차 관리에 대하여 알고 싶으면 PC통신이나 인터넷을 이용하여 신문기사를 검색하면 바로 알 수 있습니다.

주간지나 월간지 같은 것에 탐닉하지 않아

야 합니다. 모두 망상덩어리라고 생각하는 것이 좋습니다. 여성을 상대로 하는 잡지는 더욱 그렇습니다. 쓸데없이 전 지면을 반짝이는 코팅지로 만들었기 때문에 재활용도 되지 않아 환경오염의 주범이 되고 있습니다.

우리는 현재 상업화와 광고라는 폭군 앞에 짓눌러 있습니다. 이들은 인간의 약점을 이용하여 돈을 벌려고 혈안이 되어 있습니다. 감각적 쾌락을 추구하려는 왜곡된 제7식은 그들의 치밀한 연구를 바탕으로 한 전략에 아무런 대항도 못하고 농락 당하고 있습니다. 구매동기 심리와 행동심리학에 대한 조사연구 결과, 인간의 유혹 받기 쉬운 결점이 낱낱이 드러나게 되었고 거대 기업과 광고업자들은 이런 인간의 심리를 이용하여 돈을 벌고 있기 때문에 절대로 포기하지 않을 것입니다.

신문이나 방송, 잡지는 이 폭군의 앞잡이입니다. 인간의 욕망을 매일 자극하고 부추기고 있습니다. 한번 빠지면 헤어나기 어려울 정도입니다. 이런 중독증은 술이나 담배의 중독보다 더 나쁩니다. 술과 담배는 중독이 되면 몸에서 이상 반응이 나타나기 때문에 치료가 가능하지만 매스컴의 중독은 자신이 중독 되어 하루종일 멍하니 세월을 보내고 있다는 사실을 모른 채 계속 새롭고 자극적인 소식을 기대하고 있기 때문입니다. 부모가 이러니 아무런 판단력이 없는 아이들은 자연히 외부로 향하는 감각적인 마음을 갖게 되어 문제아가 되기 십상입니다. 그러나 아이들은 아무 잘못이 없습니다. 부모들의 모습을 보고 그대로 배운 것뿐입니다

물론 신문과 방송은 현대 사회에서 없어서는 안될 중요한 기능을 하고 있습니다. 오늘날 매스컴의 그늘에서 벗어날 수 있는 사람은 거의 없습니다. 모든 현상에는 순기능과 역기능이 있게 마련입니다. 우리는 매스컴의 순기능만 취하는 안목을 길러야 합니다. 감각적 자극에서 시선을 떼어야 합니다. 감각적 자극은 정신활동을 교란시켜 분명한 사고를 못하게 되고 안목이 흐려지며 쟁점이 가려지고 지혜가 막힙니다. 결국 마음의 평화가 파괴되고 맙니다.

먼저 자신이 중독 되어 있다는 사실을 인정하는 것이 중요합니다. 하루에 신문 보는데 30

분, TV 보는데는 1시간 이상 할애하지 않아야 합니다. 주요 뉴스와 필요한 정보만 취하고 자질구레한 기사는 그냥 넘어가는 것이 좋습니다. 리모콘으로 이쪽 저쪽 채널을 바꾸며 뭐 재미있는 것이 없을까 하는 사람이나, 1시간 이상을 신문의 사소한 기사까지 훑어보는 사람은 하루 종일 쓸데없는 망상이 자신의 제8식을 채우고 있다는 사실을 모르고 있습니다. 좌선한다고 앉아있으나 그렇게 채워진 아뢰야식에서 이제는 거꾸로 영화가 상영됩니다. 정신없이 찍어 두었으니 필름도 정신없이 돌아갑니다. 제대로 화두가 들리는 것이 오히려 이상합니다.

술과 담배도 비록 매스컴의 중독보다는 낫다고 했지만 공부를 하려면 반드시 멀리해야 합니다. 술은 아예 공부하려는 마음까지 사라지게 합니다. 지혜의 종자가 끊어지기 때문에 모여서 "할 일 없으니 술이니 한잔하자." 라는 말은 하지 않아야 합니다.

담배는 처음에는 호기심으로 어른의 흉내를 내는데서 시작하는 것이 보통입니다. 그러다가 중독이 되면 이제는 정신노동에서 오는 스트레

스를 해소한다는 명분을 찾습니다. 그러나 공부에는 결코 아무런 도움이 되지 않는 독약이므로 하루 빨리 끊어야 합니다.

인간을 외부 대상 세계에 묶어두는 족쇄는 바로 쾌락을 추구하는 욕망입니다. 이 족쇄는 인간을 외부 대상 세계에 꼭꼭 묶어 놓아 끊임없이 생사 윤회의 쳇바퀴를 돌게 합니다. 이 족쇄는 여섯 가닥의 실로 꼬여 있습니다. 그 여섯 가닥은 눈·귀·코·혀·몸 그리고 마음이라는 여섯 개의 감각기능입니다.

공부하는 사람은 보아도 본 것이 아니요, 들어도 들은 것이 아니요, 먹어도 먹은 것이 아니어야 합니다. 이것이 금강경에 나와 있는 「마땅히 머무는 바 없이 그 마음을 내라[應無所住以生其心]」이며 무집착의 마음입니다. 집착하지 않기 위해서는 6개의 감각의 문부터 걸어 잠가야 합니다.

지금까지의 이런 습관을 하루아침에 끊기는 쉽지 않습니다. 또 억지로 끊는다고 끊어지는 것도 아닙니다. 술자리는 대인관계 상 필요한 경우도 있을 것입니다. 급하게 마음을 내면 오히려 더 스트레스가 될 수 있습니다. 차분하게 근원부터 파고 들어가야 합니다. 순간순간 자신의 습관을 주시하는 공부가 그래서 필요합니다. 결국 이런 습관들은 모두 직원[왜곡된 제7식]의 농간이라는 사실을 주인이 알아차리면 됩니다. 알아차리면 주인이 보는 앞에서 직원이 장난을 치지 못합니다. 처음에는 저항도 만만치 않을 것입니다. 그러나 주인의 권리를 분명히 행사해야 합니다.

서두르지 않고 느긋하게 그러나 날카롭게 관찰해야 합니다. 수승한 사람은 한 달이면 족합니다. 조금 떨어지는 사람이라도 석 달이면 충분합니다. 사회생활을 하면서 이런 습관을 완전히 없애기는 어렵겠지만 적어도 자신이 하는 행동을 그때마다 관찰한다면 최소한의 행위로 줄어들 것입니다. 그런 후라야 좌선다운 좌선, 공부다운 공부를 할 수 있습니다.

3. 좌선의 방법

시간

좌선시간은 자신의 형편에 맞추어야겠지만 보통 잠자기 전 한 시간이 좋습니다. 한 시간이 힘들면 30분부터 시작하여 차츰 익숙해지면 1시간으로 늘여야 합니다. 한 시간은 앉아야 좌선을 했다고 할 수 있습니다.

옷은 헐렁한 것이면 무엇이든 상관없습니다. 잠옷도 괜찮습니다. 미리 자리를 깔아놓고 요 위에서 좌선을 하다가 그대로 누워 잠을 자는 것도 한 방법입니다. 피곤해진 다리는 잠을 쉽게 오게 할 것입니다. 잠잘 때에는 눈을 감고 화두를 꼭 붙잡아 둡니다. 아침에 일어나서도 30분 정도 좌선을 할 수 있다면 더욱 좋습니다.

좌선은 일주일에 5일은 해야 진전이 있습니다. 술을 마신 날에는 좌선을 생각하지 말고 아예 일찍 자는 편이 낫습니다.

장소

좌선을 따로 시간을 내어 하는 경우, 차실(茶室)이나 선실(禪室)이 있으면 좋으나 대부분의 집에는 그런 방이 없을 것입니다. 그냥 자기가 자는 방에서 하든지 거실에서 하면 됩니다. 이 때 다른 사람의 방해를 받으면 좋지 않습니다. 자기 방이라면 문을 잠그고 방문에 <정진중>이라는 종이를 붙여 두기 바랍니다. 물론 다른 가족에게 정진시간을 미리 일러두어 협조를 구해야겠지요. 거실에서 하려면 다른 가족에게 불편하지 않도록 시간을 잘 조절해야 할 것입니다. 가족이 모여 같이 한다면 아주 좋겠지요.

정진에 방해를 받지 않으려면 전화코드는 빼두기 바랍니다. 좌복(坐服-방석)은 앉았을 때 사방으로 5cm 이상 여유가 있는 두툼하고 큼지막한 것이 좋습니다. 좌선 전용으로 하나 만들어 사용한다면 기분도 의젓해질 것입니다.

조명은 40와트 백열구에 갓을 씌운 스탠드가 적당합니다. 형광등은 눈을 자극하기 때문에 좋지 않습니다. 너무 밝거나 어둡지 않아야 합니다. 여의치 않으면 책상 위에 촛불을 하나 켜 두고 하는 것도 괜찮습니다. 안경을 비롯하여 몸에 붙어 있는 모든 장신구를 떼어 내는 것도 잊지 마시기 바랍니다.

자세

좌선은 결가부좌(結跏趺坐)를 원칙으로 합니다. 먼저 두 다리를 쭉 편 후 오른쪽 발을 두 손으로 잡아 왼쪽 허벅지 위에 바짝 올립니다. 그리고 왼쪽 발을 잡아 오른쪽 허벅지 위에 올립니다. 이것을 항마좌라고 합니다. 처음에는 오른 쪽 발목이 끊어질 듯이 아플 것입니다. 그러나 하루에 10분씩 몇 주만 계속하면 차츰 다리가 적응하여 고통이 줄어들 것입니다.

허벅지가 굵어서 잘 안 되는 사람이 많을 것입니다. 이런 사람도 앞에서 말한 대로 식탐을 하지 않고 순수성음식 위주로 먹으며 정진을 계속하면 쓸데없는 허벅지의 지방질이 사라질 것입니다. 따로 다이어트에 신경을 쓰지 않아도 됩니다. 자기 마음을 챙기면 자동으로 다이어트가 되는 것입니다. 근본을 챙기지 않고 표면적인 현상에 치중하는 다이어트는 성공할 수가 없습니다.

처음에는 발목이 아프면 10분씩 반대방향으로 다리를 바꾸어 주는 것이 좋습니다. 왼발을 먼저 올리고 오른발을 나중에 올리는 좌법은 길상좌(吉祥坐)라고 합니다. 모든 부처님의 앉은 모습입니다.

가부좌는 도저히 힘들어서 안되겠다는 사람은 우선 반가부좌부터 시작하기 바랍니다. 반가부좌는 다만 왼발을 오른쪽 허벅지 위에 놓는 것입니다. 물론 이것도 발을 바꿀 수 있습니다. 하지만 이 좌법은 일시적인 방편입니다. 나중에는 반드시 금강과 같이 견고한 결가부좌로 돌아와야 합니다.

다리의 모양을 마쳤으면 오른 손 손바닥을 위로 향하게 하여 발목 봉숭아뼈 위에 놓고, 왼손을 바른 손바닥 위에 겹친 후 양쪽 엄지손가락 끝을 맞대어 둥근 모양을 만듭니다. 이 수인(手印)을 대삼마야인(大三摩耶印) 또는 법계정

락 끝을 맞대어 둥근 모양을 만듭니다. 이 수인(手印)을 대삼마야인(大三摩耶印) 또는 법계정인(法界定印)이라고 합니다. 이 수인을 하면 자연스럽게 팔꿈치와 옆구리 사이는 자기의 주먹 하나가 들락거릴 정도의 틈이 생깁니다. 손을 무릎 위에 올리면 앞이 허해져서 집중이 되지 않으니 혹시 그렇게 길을 들인 사람은 지금부터 바꾸기 바랍니다.

다음에 몸을 서서히 바로 일으키며 허리를 반듯하게 폅니다. 이때 몸을 전후좌우로 움직여 탑의 기단처럼 하체를 고정하고 허리를 탑신처럼 세웁니다. 너무 꼿꼿하게 세우거나 굽히면 오래 견디지 못합니다. 무엇이든 자연스러운 것이 좋습니다.

귀는 어깨와 나란하게 하고 코는 배꼽과 수직이 되도록 합니다. 턱은 약간 당기고 입은 가볍게 다문 후 혀는 위로 살짝 구부려 입천장 부근에 가볍게 댑니다. 혀를 바짝 말아 입천장 안쪽에 대면 혀에 힘이 들어가 정진이 제대로 되지 않습니다. 좌선의 요령은 몸을 반듯이 하는 것입니다. 그래서 정좌(正坐)라고 합니다. 몸의 어느 부분이든지 힘이 들어가면 안됩니다.

가부좌나 반가부좌를 하면 익숙할 때까지는 다리가 쉬 아픕니다. 그럴 때는 다리를 바꿔가며 앉도록 하되 바꾸는 것이 습(習)이 되지 않도록 오래 버티는 마음이 필요합니다. 다리나 어깨가 아파 오는 것은 당연한 일입니다. 이것은 좌선이 몸에 익을 동안 일시적으로 생기는 현상입니다.

눈은 감지 않아야 합니다. 자연스럽게 뜨고 2m 전방에 시선을 '던져'둡니다. 억지로 깜박거리는 눈을 참을 필요는 없습니다. 다만 눈을 깜박이더라도 천천히 깜박거려야 합니다. 눈을 감으면 편하기는 하지만 그것은 좌선이 아니라 혼침입니다. 자신이 느끼기엔 정신이 말짱한 것 같지만 순간순간 혼침이 지나가고 있으며 다만 그 순간이 짧기 때문에 느끼지 못할 뿐입니다. 조사(祖師) 스님네들은 눈감고 참선하면 바로 흑산귀굴(黑山鬼窟)에 떨어진다고 하였습니다. 처음에는 다리가 아파 잠이 올 생각도 않지만 차츰 자세가 잡히면 망상이 휘젓고 다니다가 그것이 시들해지면 잠이 오게 되어 있습니다.

30분 좌선을 하기로 했다면, 〈10분좌선-5분 휴식-15분좌선〉으로 하고 1시간이라면 이것을 두 번 반복하면 됩니다. 좌선에 익숙한 사람은 〈25분좌선-5분휴식-30분좌선〉으로 하면 됩니다. 나중에 〈50분 좌선-10분 휴식〉이 된다면 좌선의 자세가 제대로 잡힌 것으로 보아도 좋습니다. 또한 휴식시간도 좌선의 연장이므로 말을 하거나 다른 일에 정신을 팔지 않아야 합니다. 조용히 아픈 다리를 어루만지든지 일어나 좌복 주위를 천천히 돌며 계속 화두를 놓지 않아야 합니다.

그러기 위해서 혼자 좌선하더라도 죽비를 치는 것이 좋습니다. 죽비는 불교용품점에서 구입할 수 있습니다. 처음 입선(入禪) 죽비는 세 번 칩니다. 중간 휴식 시간에 한번 칩니다. 휴식이 끝나면 다시 한번을 치고 정진 한 후 좌선을 마치면 방선(放禪)죽비로 세 번 칩니다. 형식적인 모양 같지만 형식이 내용을 이끌어 줄 때도 많습니다.

호흡

호흡은 처음에 세 번 깊게 들이마시고 내쉽니다. 이 때는 코로 들이마시고 입으로 내쉽니다. 몸의 탁한 기운을 다 빼낸다는 생각을 갖습니다. 그리고 입을 다뭅니다. 이제부터는 코로만 호흡을 합니다. 마음을 가라앉혀야 호흡도 가라앉습니다. 술을 마시거나 희노애락에 마음이 쏠려 기분이 들떠 있거나 가라앉아 있으면 호흡을 제대로 할 수가 없습니다.

들뜬 마음을 호흡으로 가라앉히려고 하지만 잘 되지 않습니다. 이미 마음이 떠 버렸기 때문입니다. 밖에서 마음을 평정(平靜)하게 유지하는 역류공부가 그래서 중요한 것입니다. 역류공부가 잘 되어야 좌선시 선정에 힘이 붙고, 선정의 힘은 또한 역류공부의 밑거름이 됩니다. 어느 것 하나라도 소홀히 하면 다람쥐 쳇바퀴 돌듯 내내 처음의 자리에 머물게 됩니다.

처음 자세를 잡고 화두참구에 들어가기 전 호흡조절을 위해 위빠사나 수행법을 응용하는 것도 도움이 될 것입니다. 위빠싸나(Vipassana)

수행법은 한 마디로 〈관찰수행법〉이라고 할 수 있습니다. 자신의 모든 행동과 생각을 관찰하는 것입니다. 화두선 보다 더 오랜 전통을 가진 남방 불교국가의 수행법입니다.

위빠싸나 수행에서 좌선은 처음부터 끝까지 호흡의 들숨과 날숨을 관찰합니다. 화두선을 하더라도 처음 입정(入定)에 들어가 호흡을 고를 때와 중간에 망상이 치성할 때 응용하면 도움이 될 것입니다.

거해스님이 엮은 『깨달음의 길-근본불교 명상관찰 수행법(1990, 도서출판 山房』에 있는 호흡에 관한 내용(pp.23-26) 중에서 이미 언급한 좌선의 자세 같은 중복되는 부분은 빼고 옮겨 보겠습니다. 좌선시 눈을 감는 것 외에는 위빠싸나 역시 좌선의 자세는 화두선과 거의 같습니다.

「숨을 들이쉴 때 아랫배가 일어남을 정신적으로 이름하여 '일어남'이라 하고 숨을 내쉴 때 아랫배가 꺼지는 현상을 '사라짐'이라 하여 이후부터 통칭하여 일어남·사라짐이라 한다. 수행인은 마음집중 수행을 위하여, 고요히 앉아서 자신의 아랫배가 일어나고 사라지는 현상을 대상으로 하여 매우 예리하고 정확하게 밀착된 상태에서 자세히 관찰하고 분명히 인식해야 한다.

앉은 상태에서 자신의 호흡이 코끝을 스쳐 들어감에서부터 아랫배에 이르기까지 눈으로 보는 듯 하면서 숨을 들이쉬고 내쉴 때만의 현상에 마음을 집중시켜 자신의 아랫배에서 일어나고 사라지는 현상, 즉 움직이는 모습을 자세히 느끼고 예리하게 관찰한다.

호흡은 아주 자연스럽게 숨을 들이쉴 때 들이쉰 숨이 아랫배까지 미치도록 하여 팽창됨을 피부로 느끼도록 하고 정신적으로 '일어남'이라고 읽어야 하며, 동시에 감은 눈은 자신의 아랫배에 팽창된 부분을 실지로 보는 듯하여 동작이 동시에 일어나도록 해서, 관찰이 하나의 집중력이 되도록 한다. 들이쉬는 숨과 내쉬는 숨은 아주 자연스럽게 해야 한다. 절대로 어떤 규칙을 정하여 의식적으로 길게 내쉬고 짧게 들이쉬거나, 짧게 내쉬고 길게 들이쉬거나 하지 말고 다만 자연스러운 호흡이 되어야 한다.

호흡이 매우 자연스러워야 하는 것은, 만약에 호흡에다 어떠한 규칙을 정하거나 인위적인 것이 되면 쉽게 피곤해지고 상기(上氣, 더운 기운이 머리까지 뻗치는 현상으로 머리가 무겁고 아픔)가 올라오며, 여러 가지 다른 좋지 않은 현상이 나타나게 된다. 그렇기 때문에 아주 자연스러운 호흡을 하면서 다만 정신적으로 아랫배의 일어나고 사라지는 현상만을 관찰 집중하는 것이다. 이 수행법에 대해서 어떠한 이름을 붙여도 관계없으며, 다만 바르고 자세하며 정확하게 자신의 아랫배에서 일어나고 사라지는 현상을 관찰하여 일념집중을 이루는 것이 중요하다.

아랫배의 일어남과 사라짐은 반드시 3단계로 구분되어진다. 숨을 들이쉴 때는 바람이 코끝을 스치어 들어가는 부분은 처음이요, 가슴을 스쳐 지날 때가 중간이요, 아랫배에 와 닿음이 끝맺음이다. 그리고 내쉴 때는 아랫배의 꺼짐이 시작이요, 가슴을 스칠 때가 중간이며, 코끝을 스쳐 나오는 것이 끝맺음이다.

처음 시작하는 이는, 다만 중간부분만 인식하게 되고 앞쪽의 끝남과 시작부분이 분명치 못하게 되나, 계속적인 노력으로 어느 정도 시간이 흐르게 되면, 처음에서 끝나는 부분까지 분명해지며, 아랫배의 일어남과 마음의 관찰이 동시에 행해지는 것이다. 사라지는 현상에 대해서도 역시 같은 방법이어야 한다. 마치 돌을 던져 표적에 정확히 맞추듯이, 정확하게 관찰하는 것이다.

이와 같이 신체에 일어나고 사라지는 현상을 관찰하며 그 자연적 성품을 보는 것을 〈가야누빠싸나[몸의 동작을 관찰하는 것]〉라고 하며 동시에 〈우다야와빠싸나나나 [모든 사물이 일어나고 사라지는 현상을 보고 얻는 지혜]〉라고 한다. 우다야와야는 단순히 자신의 아랫배가 호흡을 통해 일어나고 사라지는 것이 아니라 일체의 모든 현상이 일어나고 사라지는 것이며, 몸의 가려움, 아픔, 다리의 저림, 벌레의 기어오름에 의한 피부의 스멀거림 등도 모두 일어나고 사라지는 현상일 뿐 어느 것도 지속적으로 오래가는 것이 없다.

오래도록 앉아 있음으로 인한 다리의 아픔도, 일어나고 사라지는 현상의 매우 빠른 속도이기 때문에 고통이 뭉쳐진 듯 아프다고 할 수 있는 것이지 사실 자세히 관찰하면 일어나고 사라지는 현상의 속도가 빠른 결과일 뿐이다. 이와 같이 모든 몸의 현상과 마음의 현상, 몸 밖의 자연적 현상일 뿐 아무 것도 견고하게 영원히 남아 있거나 머물지 않음을 자신의 아랫배의 현상을 통해 깨닫게 되는 지혜를 의미하는 것이다」

부언하여 설명하면 위빠싸나에서는 호흡을 들이쉴 때 '일어남·일어남·일어남'이라고 속으로 염(念)하고 각각 코끝·가슴·아랫배를 관(觀)합니다. 또 내쉴 때에는 '사라짐·사라짐·사라짐·'이라고 염하고 거꾸로 아랫배·가슴·코끝을 관합니다.

일단 제대로 호흡이 조절되면 우리는 화두를 듭니다. 화두선이 위빠싸나와 묵조선(默照禪)과 근본적으로 다른 점은 적극적으로 자신의 진여자성(眞如自性)을 찾는다는 것입니다.

화두참구(話頭參究)

화두의 시작은 황벽희운(黃蘗希運, ?-850) 스님으로부터 시작되었습니다. 황벽스님은 바로 백장스님의 법을 이은 스님입니다. 스님의 법은 임제(臨濟)스님이 이었으며 홍주자사(洪州刺史) 배휴(裵休)는 속가제자로 유명합니다.

화두란 공안(公案)이라고도 하는데 공안이란 본래 관청의 「엄정한 문서」라는 의미입니다. 공부하는데 있어 올바르게 깨치는 데는 불조의 바른 이치를 바로 설하신 조사의 말씀이나 몸짓, 그 밖의 모든 방법은 그것이 모두 깨치는데 있어 바른 법령이 되는 것입니다. 『선관책진(禪關策進)』의 첫 페이지는 다음과 같은 황벽 스님의 사자후로부터 시작하고 있습니다.

"대중들아, 그대들이 만약 미리 칠통(漆桶)을 철저히 타파하여 놓지 않으면 납월 30일(죽는 날)을 당하여 정녕 열뇌(熱惱)하고 황란(惶亂)할 것이 분명 하느니라.

어떤 외도들은 수행자가 공부하는 것을 보고 '아직도 저러고 있나.' 하며 냉소하나 내 그들에게 묻노니, 홀연 죽음이 닥치면 너는 무엇으로 생사를 대적하겠느냐. 모름지기 평상시 힘을 얻어 놓아야 급할 때를 당하여 다소 힘을 덜 수 있는 것이니, 마땅히 목마르기를 기다려 샘을 파는 따위의 어리석은 짓을 하지 말라.

죽음이 임박하여서는 이미 수족이 미치지 못하나니 앞길이 막막하여 어지러이

갈팡질팡 하여 가히 괴롭고 괴로울 뿐이라. 평시에 다만 구두선(口頭禪)만 익혀서 선을 설하고 도를 말하며 부처를 꾸짖고 조사를 욕하여 제법 다해 마친 듯 하나 여기에 이르러서는 아무런 용처가 없다. 평시에 남은 속여왔으나 어찌 이 때를 당하여 자신마저 속일 수 있으랴!

대중들아, 권하노니 신체가 강건한 동안에 이 일을 분명히 판단해 두라. 대개 이 문제는 풀기가 그리 어려운 것도 아닌데 목숨을 떼어놓고 힘써 공부하려고는 아니하고 다만 '어렵고 어렵다'고만 하니 만약 진정한 대장부라면 어찌 이와 같으랴.

한 스님이 조주스님에게 '개에게도 불성(佛性)이 있습니까?' 하고 물으니 조주스님이 '없다[無]'라고 답했다. 이 공안(公案)을 간(看)하되 하루 24시간 이 '무'자를 참구하여 밤이고 낮이고 가나 오나 앉으나 서나 누우나 옷 입으나 밥 먹으나 변소에 가나 생각생각 끊이지 아니하고 맹렬히 정신을 차려 저 '무'자를 지켜가라.

그리하여 날이 가고 해가 가서 공부가 타성일편(打成一片-화두가 순숙하여 끊이지 않아 들지 않아도 저절로 들리어 항상 화두가 현전하는 경지)이 되면 어느덧 홀연히 마음 빛이 활짝 밝아 불조의 기틀을 깨달아 문득 천하 노화상의 혀끝에 속지 않고 스스로 큰 소리를 치게 될 것이다.

알고 보면 달마가 서쪽에서 왔다는 것도 바람이 없는데 파도를 일으킨 것이요, 세존이 꽃을 들어 보이신 것도 한바탕 허물이라. 여기에 이르러서는 수많은 성인도 입을 떼지 못하거늘 하물며 어찌 염라노자(閻羅老子)를 말할까 보냐. 대중들아, 여기에 무슨 특별한 도리가 있다고 생각하지 말아라. 일이란 마음 있는 사람을 두려워하느니라."

이 공안에는 1700가지의 공안이 있으나 모든 공안을 다 공부할 필요가 없습니다. 선지식

을 내려준 공안을 바꾸지 않고 꾸준히 참구하는 것이 중요합니다. 대표적인 공안으로는

<없다[無]>
<이 뭣고[是甚麼]>
<뜰 앞에 잣나무[庭前柏樹子]>
<염불하는 놈은 누구인가[念佛者是誰]
<만법이 하나로 돌아가는데 그 하나는 어디로 가는가[萬法歸一 一歸何處]> 등이 있습니다.

원래 부처님 당시에는 화두라는 것이 없었습니다. 이 점이 남방의 위빠사나를 하는 사람들이나 묵조선을 하는 사람들이 화두선을 인정하려고 하지 않는 점입니다. 그러나 시대에 따라 사람들의 근기가 변했기 때문에 방편으로 화두가 생긴 것이고 아직도 여전히 유효한 마음공부법입니다. 허운(虛雲)스님은 『참선요지』에서 다음과 같이 자상하게 말씀해 주고 계십니다.

"당 송 이전의 선덕(禪德)들은 흔히

한마디의 말이나, 반 구절의 말로 도를 깨달았다. 스승과 제자간 사이에 전수하는 것도 마음으로써 마음에 인가하는데 지나지 않았을 뿐 어떠한 실제의 법은 없었다. 일상생활 가운데 묻고 대답하였고 또 방편에 따라 풀어 주고 속박하였으니 병을 보아서 약을 줄뿐이었다. 송대 이후 사람들은 근기가 약한 탓에 비유하여 「모든 것을 놓아라」, 「선도 악도 생각하지 말라」고 일러주어도 성과를 이루지 못했다. 모든 것을 놓지 못하고, 선을 생각하지 않으면 악을 생각하였다.

이러한 때를 당하여 조사스님들이 부득이 독으로써 독을 다스리는 방법을 채택하여 학인에게 공안(公案)을 참구하거나 화두(話頭)를 간(看)하라고 가르쳤다. 심지어 죽은 화두 하나를 정하여 깨물되 질경질경 깨물어 한 순간도 흐트러지지 말라고 하였다. 마치 늙은 쥐가 나무 궤짝을 뚫는 것과 같이 하여 정해진 한 곳이 구멍날 때까지 파는 것이다. 이러한 목적은 한 생각으로써 만 생각을 물리치는 것이니 실로 부득이한 방법이다. 마치 몸에 있는 나쁜 독을 칼로 째서 치료하지 않으면 살아나기 어려운 것과 같다."

물론 위의 법문은 출가자를 위한 것입니다. 일반 사람들이 화두를 하루 종일 든다는 것은 사실 어려운 일입니다. 그러나 진여자성을 찾아 삼계를 벗어나는 일은 출가자와 재가자를 막론하고 반드시 해야 할 일입니다. 앞에서 말한 대로 동중공부를 지어나간다면 비록 금생에는 이루지 못할 지라도 다음 생에는 훨씬 나은 조건을 가지고 태어날 기초를 닦는 일이 됩니다. 중요한 것은 불퇴전의 마음입니다.

경계해야 할 일

공부인이 가장 경계해야 할 일은 **탐심(貪心)**과 **진심(瞋心)**입니다. 그래서 어떤 사람의 공부 정도를 판단하려면 그 사람의 탐심과 진심을 살펴보면 쉽게 알 수 있습니다.

애착과 집착에서 탐심이 생깁니다. 좋은 것을 가지고, 먹고, 입고 싶은 마음은 그것이 이루어질 때까지 번뇌를 쌓이게 합니다. 그리고 비록 그 소망이 성취되었다고 하더라도 다시 더 나은 것을 추구하는 욕심이 생기게 마련입니다. 일단 시작한 욕심에는 끝이 없습니다. 욕심의 근본 속성 때문입니다.

9백만원이 있는 사람은 백만원을 더 모아 천만원을 만들고 싶어합니다. 천만원이 되면 이젠 2천만원을 모으고 싶어합니다. 5천만원이 되면 이젠 만족할까요? 천만의 말씀입니다. 10억을 모았다고 하더라도 만족하지 않습니다. 천만원 있을 때는 억대 부자들이 보이지 않았는데 자신이 억대가 되다보니 점점 초라한 자신이 보이게 됩니다. 수십억대 이상의 재산가들이 어디 한 둘이어야 말이죠.

권력의 맛에 빠진 사람은 모두 국회의원이 되고 싶어합니다. 국회의원을 하다가 선거에 떨어진 사람은 다시 재기의 기회를 노립니다. 공천을 받기 위해서 당을 옮기기도 합니다. 권력과 명예의 달콤한 맛을 도저히 잊지 못하기 때문입니다. 그 맛이 얼마나 기가 막힌지 출가자 집단에서조차 틈만 나면 '장' 자리를 서로 차지하겠다고 난투극을 벌이는 판입니다. 그러나 한 생각 돌이키면 모두 부질없는 자리입니다.

공부가 조금이라도 된 사람은 화를 내지 않습니다. 보고 듣는 바깥경계에 끄달리지 않기 때문입니다. 만일 화를 잘 내는 사람을 보게 되면 '이 사람의 살림살이는 보잘 것 없구나.' 라고 생각하시면 틀림이 없습니다. 더구나 출가자가 진심(瞋心)을 많이 낸다면 보통사람 열 배의 악업을 짓는 셈입니다. 출가자는 시주물로 살고 있기 때문입니다.

〈화를 잘 내는 스님〉과는 아예 상종을 하지 마십시오. 아무리 큰스님이라고 이름이 알려졌다고 하더라도 속지 마십시오. 혹 방편으로 그런다고 둘러대더라도 마찬가지입니다. 방편에 능할 정도로 공부가 되었다면 벌써 진심(瞋心)이 아닌 다른 방편을 썼을 것이기 때문입니다.

공부가 익은 사람은 나라는 것이 본래 없으며 단지 4대가 화합한 일시적인 존재라는 것을 체득했기 때문에 자존심을 내세우지 않습니다.

자존심이 없으면 화가 생길래야 생길 수가 없습니다. 부처님이 화냈다는 말씀을 들어보셨습니까?

공부를 하려면 자기의 몸을 잘 보살펴야 합니다. 몸은 마음의 그릇입니다. 몸이 없으면 마음도 없어집니다. 마음이 없으면 깨달음을 이룰 방법이 없습니다. 알고 보면 천상락 보다는 인간락이 더 낫습니다. 극락에 가면 살기가 너무 좋아 도를 닦으려는 생각이 일어나지 않습니다. 그만큼 세월은 잘 보내겠지만 결국 다시 인간 세계로 내려와야 하니 시간을 낭비하는 셈입니다. 따라서 죽은 사람을 위하여 "부디 왕생극락 하시길 바랍니다." 라는 말보다는 "부디 더 좋은 몸을 받아 다시 돌아오세요." 라는 축원이 더 바람직합니다.

좋은 옷 입고 맛있는 음식을 먹고 다이아 반지를 끼는 것이 몸을 보살피는 것이 아닙니다. 오히려 그것은 몸을 해치는 일입니다. 탐심 때문에 몸의 본질을 보지 못하는 사람들이 곧잘 저지르는 잘못입니다. 무엇보다 몸에 병이 나지 않도록 잘 보살펴야 합니다. 과식과 과음

등으로 몸을 축나게 하지 않아야 합니다. 모든 것이 욕심에서 나오는 것이고 이 욕심은 왜곡되고 잘못된 제7 말나식의 작용이라는 점을 항상 체크해야 합니다. 〈소욕지족(少欲知足)〉이라는 말이 있습니다. 〈욕심을 적게 하고 만족함을 안다〉라는 뜻입니다. 비싼 물건을 소유할수록 우리는 그 물건의 관리인으로 전락하기 십상입니다.

사진 찍는 사람이 제일 가지고 싶어하는 카메라 중의 하나가 독일제 라이카(LEICA) 카메라라고 합니다. 본체 값만 200만원이고 표준렌즈가 150만원이라고 하니 구입하는데 최소한 350만원은 주어야 합니다. 광각이나 줌렌즈를 추가로 구입하면 금방 500만원이 넘어갈 것입니다.

몇 년 저축한 돈으로 큰 맘 먹고 이 카메라를 구입했다면 처음에는 기분이 좋아 잠도 잘 오지 않을 것입니다. 그러나 이 순간부터 본격적인 카메라 관리인으로 임명받은 줄은 모르고 있습니다. 누가 훔쳐갈까 봐 꼭 꼭 숨겨둡니다. 무식한(?) 가족들로부터도 보호를 위해 열쇠를

채워둡니다. 렌즈에 습기가 차면 안되니 방습제를 철마다 갈아줍니다. 사진 찍으러 나가면 어깨가 으쓱해집니다. 다른 사람들의 부러움에 찬 시선을 받으니 기분이 좋습니다. 그러나 돌아오면 온 신경을 써 먼지를 닦느라 정신이 없습니다.

매일 사진을 찍어야 하는 직업적인 전문 사진가라면 누가 말리겠습니까. 그러나 취미로 찍는 아마추어라면 오늘 잃어버려도 아쉬움이 없는 정도의 카메라로 만족해야 합니다. 일년 중 몇 번이나 사진을 찍겠습니까. 물건이 사람을 위해 복무하는 것이지 사람이 물건을 위해 복무하는 것이 아닙니다. 바깥 경치를 찍는 것보다 자신의 마음을 찍는 것이 더 중요합니다. 자신의 주위를 한번 살펴보십시오. 가장 아끼는 것이 무엇인가를. 그것이 무엇이 되었든 간에 오늘 갑자기 없어지더라도 마음의 동요가 일어나지 않을 정도가 되어야 합니다.

책도 많이 가질 필요가 없습니다. 당신이 40대 이후라면 더욱 그렇습니다. 30대까지는 부지런히 읽어야 하지만 40대부터는 부지런히 버려야 합니다. 습관적으로 책을 사 모으는 사람들이 있습니다. 그러나 인생의 후반기에서 꼭 필요한 책은 사실 몇 권이면 족합니다. 집에 있는 책 중에 앞으로 다시 볼 책이 아닌데도 책장만 채우고 있는 책이 있으면 주저하지 말고 뽑아서 다른 사람에게 선물로 주기 바랍니다. 소유물은 무엇이든 간에 모일수록 애착이 커지게 마련입니다.

계율(戒律)은 아주 중요합니다. 도를 이루는 데는 첫째가 지계(持戒)입니다. 계율은 곧 위없는 깨달음의 근본이며, 계율(戒律)로 인하여 선정(禪定)이 생기고, 선정으로 인하여 비로소 지혜(智慧)가 나타나는 것입니다.

계는 이 언덕에서 저 언덕으로 가는 강을 건너는 뗏목과 같습니다. 그렇지만 계율 자체에만 너무 집착하면 일을 그르치기 쉽습니다. 뗏목은 저 언덕으로 가는 〈도구〉일 뿐 뗏목 자체가 저 언덕은 아닙니다. 뗏목에 타고 있으면 일단 이 언덕을 벗어나기는 합니다. 그러나 저 언덕에 도착할 수는 없습니다.

저 언덕으로 가기 위해서는 노(櫓)를 저어야

합니다. 이 노야말로 저 언덕에 이르게 하는 결정적인 도구입니다. 노를 가지고 강으로 가는 사람은 그냥 물에 들어가지 않습니다. 반드시 뗏목을 구해서 타고 갑니다.

노를 가지고 가는 사람은(즉, 공부하는 사람은) 반드시 뗏목(계율)을 구하기 마련입니다. 뗏목이 없으면 가지고 간 노가 소용이 없기 때문입니다. 육조(六祖)스님께서 말씀하신 이른바 「마음이 곧은데 어찌 계율 지키는 일에 수고할 것이며, 행동이 바른데 어찌 참선이 필요하리요」라는 말씀은 바로 이런 뜻에서 하신 말씀입니다.

이것은 공부의 근본을 말한 것입니다. 잘못 오해하여 계율이 중요하지 않다는 뜻이 아닙니다. 계율은 중요하되 계율 자체에 만족해서는 안 된다는 뜻입니다.

4. 맺는 말

이 소식을 10대에 알기는 거의 불가능합니다. 새로운 인간세상의 지식을 받아들이기에도 부족한 시절이기 때문입니다. 불교학생회에만 나가는 인연만 있다해도 수승한 근기입니다.

20대라도 마찬가지입니다. 전6식이 제일 활발하게 움직이는 시절이 이 때입니다. 공부도 하고 사랑도 하고 직장생활을 하느라 정신이 없습니다. 지식과 경험을 바탕으로 자신의 가치관이 비로소 정립되기 시작하는 시절이어서 아직 미숙합니다. 이런 소식이 있다는 것을 아는 인연만 있으면 좋은 일입니다.

그러나 30대에는 준비를 해야 합니다. 30대 초반이라면 직장생활과 결혼과 육아 때문에 바쁘겠지만 아이에게 미치는 부모의 영향을 생각할 때 30대 초반에 공부를 시작하는 것이 가장 좋습니다. 30대 후반이라면 반드시 자신을 돌아보아야 합니다.

40대라면 여유가 없습니다. 부지런히 힘을 써야합니다. 하루에 한 시간은 꼭 정좌(靜坐)를 해야 합니다. 정좌는 바로 되지 않습니다. 비록 실참(實參)을 많이 하지 않았더라도 30대부터 조금씩 공부를 한 경험이 있어야 가능합니다. 그러나 이제부터라도 분발을 하면 늦지는 않습니다. 40대 후반이라면 정신을 바짝 차려야 합니다. 앞으로 살 날이 얼마 남지 않았다는 생각을 해야 합니다.

50대라면 머리에 불을 끄듯이 서둘러야 합니다. 지금까지는 요행히 50년 동안 목숨을 부지하고 있었지만 언제 죽을 지 모른다는 생각을 해야 합니다. 이미 몸은 허물어지고 있음을 느낄 것입니다. 각종 병이 생기고 체력은 떨어져 좌선이 잘 되지 않을 것입니다. 체력이 조금이라도 남아 있을 때 부지런히 힘써야 합니다.

60대라면 상당히 늦었습니다. 대 분발심이 없는 한 지금까지 한평생 익힌 습에 의해 몸과 마음이 움직일 것이기 때문입니다. 그러나 아주 포기할 일은 아닙니다.

60세가 되면 지금까지 가족과 사회를 위해 하던 모든 일을 멈추어야 합니다. 이제부터는 온전히 자기 자신만을 위한 시간으로 써야 합니다. 정년퇴직 후 무엇을 할 지 몰라 헤매는 사람은 인생을 잘못 산 것입니다. 이제부터 진짜 할 일이 있다는 사실을 알아야 합니다. 설사 70세까지 정년을 연장해 준다 하더라도 단호하게 거절하고 자신을 위한 공부에 나머지 시간을 써야 합니다. 공부는 스스로 하지 않으면 절대 진도가 나가지 않기 때문입니다. 70대라면 그냥 더 이상 악업을 짓지 말고 선업을 쌓으시라는 말만 하겠습니다.

열심히 정진하여 모두 함께 위없는 깨달음을 이루게 되길 기원합니다.

허운스님 참선법문

『參禪要旨』 중에서 / 번역 千江

참선의 목적은 마음을 밝히고 성품을 보는 데 있다. 마음의 오염이 없어지면 진실로 자성(自性-자기의 본래 성품)의 참 모습을 보게 된다. 오염이란 바로 망상과 집착이고 자성(自性)이란 곧 여래의 지혜와 덕상(德相)이다.

여래의 지혜와 덕상은 모든 부처님과 중생이 다 같이 갖추고 있으며 둘이 아니고 차별도 없다. 만약 망상과 집착을 여의면 자신이 가지고 있는 여래의 지혜와 덕상을 증득하는 것이니 곧 부처인 것이요, 그렇지 않으면 바로 중생인 것이다. 다만 우리는 무량겁을 지나면서 생사를 윤회하며 오랫동안 오염되었기 때문에, 바로 망상에서 벗어나 참된 본래의 성품을 보지 못하고 있다. 그러므로 참선이 필요한 것이다.

이런 이유로 참선할 때 먼저 해야할 일은 망상을 버리는 것이다. 망상은 어떻게 버리는

가. 석가모니 부처님께서 설하신 말씀이 많지만 그 중「쉼이 곧 깨달음(歇卽菩提)」에서「쉼(歇)」한 자 만큼 간단명료한 것이 없다.

선종(禪宗)은 달마조사께서 중국에 전래함으로써 시작되었으며 육조(六祖) 혜능스님 이후 선풍(禪風)이 널리 퍼져 고금에 떨쳤다. 달마조사와 육조대사께서는 가장 긴요한 말씀으로「모든 반연(攀緣-얽혀있는 인연)을 가리고 쉬면 한 생각도 일어나지 않는다」라고 학인(學人)들을 가르쳤다. 모든 반연을 가리고 쉰다는 것은 모든 반연을 놓는다는 말이다. 그러므로「모든 반연을 놓으면 한 생각도 일어나지 않는다」는 이 말은 실로 참선할 때 먼저 해야할 일이며, 이 말과 같이 참선을 하지 않는다면 참선은 오직 말뿐이어서 성공할 수 없을 뿐만 아니라, 그 입문(入門) 조차 불가능하다. 온갖 반연에 얽혀 생각 생각이 생멸한다면 그대는 어디 참선한다고 말할 수 있겠는가.

「모든 반연을 놓으면 한 생각도 일어나지 않는다」고 한 이 말씀이 참선할 때 먼저 해야 할 일이라고 이미 알았는데 우리들은 어찌하여 도달하지 못하고 있는가? 상근기의 사람은 한 생각을 영원히 쉬어 바로 무생(無生-한 생각 일어나기 전의 마음자리)에 이르고, 깨달음을 단번에 증득하여 털끝만치도 꼬이는 일이 없을 것이다. 그 다음 근기의 사람은 이치로써 현상을 제거함으로써 자성은 본래 청정하며 번뇌와 보리, 생사와 열반이 모두 거짓 이름이고 원래부터 나와 자성이 서로 다르지 않음을 명료하게 알 것이다.

모든 일과 사물은 다 꿈과 같고 물거품 같고 그림자와 같은 것이다. 나의 이 사대(四大)로 이루어진 몸과 산하대지는 자성 가운데 있는 것으로서, 바다 가운데 떠 있는 거품처럼 일어났다 꺼졌다 하지만 본바탕과는 아무런 관계가 없는 것이다.

꿈과 같은 일인 일체의 태어나고 머물고 변하고 없어지는 것을 따르지 말고, 좋아하고 싫어하고 취하고 버리는 마음을 일으키지 말고 통째로 놓아버리면, 마치 죽은 사람과 같은 모양이 되어 자연히 번뇌와 분별심이 없어져, 탐내는 마음과 성내는 마음과 어리석은 마음과 애착하는 마음도 없어질 것이다. 이 몸을 통한 일체의 것들-고통·가려움·괴로움·즐거움·배고픔·추움·배부름·따뜻함·영예로움·욕됨·삶·죽음·앙화·복·길함·흉함·헐뜯음·칭찬함·얻음·잃음·안전함·위태로움·험함·평탄함-이 모든 것을 사량분별의 바깥에 두어야 비로소 놓고 또 놓았다고 할 수 있으며, 모든 것을 놓고 영원히 놓으면, 모든 반연을 놓았다고 말할 수 있다.

모든 반연을 다 놓아버렸으므로 망상은 스스로 없어지고 분별심은 일어나지 않아 집착은 멀어진다. 여기에 이르면 한 생각도 일어나지 않으며, 자성이 빛을 발해 온 바탕이 드러난다. 이렇게 되면 참선의 조건이 구비 된 것이며, 다시 노력하여 진실로 참구(參究)하면, 비로소 마음을 밝히고 성품을 보는 것이 분명해진다.

참선하는 사람들은 늘 말한다.

「대저 법은 본래 법이 아니며, 한번 언어의 표현에 떨어지면, 곧 진실한 뜻이 아니다. 이 마음을 밝히면 본래가 부처이며 당장에 아무런 일도 없고 모든 것이 눈앞에서 각각 완성되는

데, 수행을 말하고 증득을 말하는 것은 모두가 마군(魔軍)의 이야기이다.」

달마스님이 중국에 오셔서「사람의 마음을 바로 가리켜 성품을 보고 부처를 이룬다」고 하심은 대지의 모든 중생이 다 부처라는 명백한 가르침이다. 당장에 이 청정한 자성을 알면, 모든 것을 따르더라도 물들지 않으며 하루 24시간 가고 머물고 앉고 누워도 마음은 변하지 않는다. 이것이 눈앞에 완성된 부처이며, 마음을 쓸 필요도 힘을 들일 필요도 없어 다시는 지을 것도 해야할 것도 없고, 말과 생각에 수고할 필요가 털끝만큼도 없는 것이다. 그렇기 때문에 부처가 되는 일은 가장 쉬운 일이요, 가장 자유로운 일이라고 말했다. 그러나 그것은 내 안에서 얻는 것이며 밖에서 구할 수 없다.

일체 중생이 만일 오랜 세월 동안 사생(四生)과 육도(六道)에 윤회하며 길이 괴로움의 바다에 빠지는 것을 좋아하지 아니하고 열반의 경지인 부처가 되기를 원한다면 진실로 부처님과 조사의 정성스런 말씀을 믿어야 한다. 일체를 놓고 선도 악도 모두 사량(思量)하지 않는다면 모든 사람이 그 자리에서 부처를 이룰 것이다. 그래서 모든 부처님과 보살과 역대의 조사께서 일체 중생의 제도를 발원하였으니, 이것은 근거가 없는 헛된 발원이 아니며 헛된 말씀이 아니다.

위에서 설한 바처럼 법은 이와 같고 또한 부처님과 조사께서 거듭거듭 밝혀 간곡히 부촉하신 진실한 말씀에도 터럭만큼의 헛됨과 거짓이 없다. 일체 중생은 어쩔 수 없이 한없는 세월을 나고 죽는 고통의 바다에 빠져 나왔다가 들어갔다가 하면서, 윤회를 그치지 않고 미혹하여 뒤집히고 깨달음을 등지고 티끌과 합했다. 이것은 마치 순금이 똥구덩이에 빠진 것과 같아서 사용하지 못할 바는 아니지만 그 더러움은 감당하기 어렵다.

부처님은 부득이 큰 자비심으로써 각양각색의 근기가 같지 않은 중생들의 탐하는 마음, 성내는 마음, 어리석은 마음, 애착하는 마음 등 8만4천 번뇌의 병을 대치하는 8만 4천의 법문을 설하셨으니, 그대로 하여금 순금에 묻은 각종 오염과 더러움을 대패, 솔, 물, 헝겁 등을 사용하여 씻고 다듬고 문지르게 하도록 가르치신 것과 같다. 그렇기 때문에 부처님께서 설하신 법문은 모두가 미묘한 법이며, 모두가 생사를 해결하여 부처를 이루는 길이다. 다만 그 사람의 근기에 적당한가 적당하지 아니한가가 문제일 뿐 구태여 법문의 높고 낮음을 나눌 필요가 없다.

중국에 전래한 일반적 법의 문은 종문(宗門)과 교문(敎門)과 율문(律門)과 정토문(淨土門)과 밀교문(密敎門)이다. 이 다섯 가지 법의 문은 각자의 근기와 흥취(興趣)에 따라서 어느 문이든 수행해도 된다. 모두가 한 문에 깊이 들어가는 것이 중요하니, 오래오래 변함없이 나아가면 반드시 성취할 것이다.

종문(宗門)에서는 참선을 한다. 참선이란 「마음을 밝히고 성품을 보는 것」 이다. 이것은 자기의 본래면목(本來面目)을 참구하여 뚫는 것이니, 이른바 「밝게 자기의 마음을 깨닫고 환하게 본래의 성품을 본다」 는 이 법의 문은 부처님께서 연꽃을 드신 것으로부터 시작하였으며 달마대사께서 중국에 온 이후에 이르러 공부하는 방법은 여러 번 바뀌었다.

당, 송 이전의 선덕(禪德)들은 흔히 한마디의 말이나, 반 구절의 말로 도를 깨달았다. 스승과 제자간 사이에 전수하는 것도 마음으로써 마음에 인가하는데 지나지 않았을 뿐 어떠한 실제의 법은 없었다. 일상생활 가운데 묻고 대답하였고 또 방편에 따라 풀어 주고 속박하였으니 병을 보아서 약을 줄 뿐이었다. 송대 이후 사람들은 근기가 약한 탓에 비유하여 「모든 것을 놓아라」, 「선도 악도 생각하지 말라」고 일러주어도 성과를 이루지 못했다. 모든 것을 놓지 못하고, 선을 생각하지 않으면 악을 생각하였다.

이러한 때를 당하여 조사스님들이 부득이 독으로써 독을 다스리는 방법을 채택하여 학인에게 공안(公案)을 참구하거나 화두(話頭)를 간(看)하라고 가르쳤다. 심지어 죽은 화두 하나를 정하여 깨물되 질겅질겅 깨물어 한 순간도 흐트러지지 말라고 하였다. 마치 늙은 쥐가 나무 궤짝을 뚫는 것과 같이 하여 정해진 한 곳이 구멍날 때까지 파는 것이다. 이러한 목적은 한 생각으로써 만 생각을 물리치는 것이니 실로 부득이한 방법이다. 마치 몸에 있는 나쁜 독을 칼로 째서 치료하지 않으면 살아나기 어려운 것과 같다.

옛 사람들의 공안은 아주 많으나 후에 와서는 오로지 화두를 간(看)하라고만 가르쳤다. 「시체를 끌고 다니는 것은 누구인가」, 「부모에게서 태어나기 전 어떤 것이 나의 본래면목인가」 등이 있다. 근래에 와서 제방에서 흔히 쓰는 것은 「염불하는 이는 누구인가」 하는 화두 하나 뿐이지만 사실은 모두 다 같은 것이며 평범한 것이어서 별로 특별한 것이 아니다. 만일 그대가 하고자 한다면, 경을 읽는 자는 누구인가, 주문을 외우는 자는 누구인가, 부처님께 절을 하는 자는 누구인가, 밥을 먹는 자는 누구인가, 옷을 입는 자는 누구인가, 길을 가는 자는 누구인가를 간하라. 이 모두는 같은 형식의 화두이다.

「누구인가?」라는 물음의 답은 마음이니, 말은 마음을 따라서 일어나므로 마음은 말의 머리며, 생각도 마음으로부터 일어나므로 마음은 생각의 머리[念頭]다. 만법이 다 마음으로부터 생기므로 마음은 만법의 머리이다. 실로 화두는 곧 이 생각의 머리이며 생각 이전의 머리는 곧 마음이다. 곧바로 말하면 한 생각도 생기기 이전이 바로 화두이다. 이런 이유로 우리는 화두를 간하는 것이 마음을 관(觀)하는 것임을 안다.

부모에게 태어나기 이전의 본래 면목은 바로 마음이며, 부모에게서 태어나기 이전의 본래 면목을 간(看)하는 것은 바로 관(觀)하는 것이다. 성품은 곧 마음이며 「듣는 것을 돌이켜 자성을 듣는다(反聞聞自性)」라는 것은 곧 관하는 것을 돌이켜 자기 마음을 관하는 것이다. 「청정한 깨달음의 모습을 원만히 비춤」에서 청정한 깨달음의 모습(淸淨覺相)은 마음이며 비춤[照]은 곧 관(觀)이다.

마음이 곧 부처이며 염불이란 곧 관불(觀佛)이며 관불은 곧 관심(觀心)이다. 그러므로 「화두를 간하라」고 했다. 어떤 이는 「부처를 생각하는 것은 누구인가」라고 했는데 이는 마음을 관(觀)하는 것이며, 곧 자기 마음이 청정한 깨달음의 본체임을 관조(觀照)하는 것이고, 또한 자성(自性)의 부처를 관조하는 것이다. 마음이란 곧 성품이며 깨달음이며 부처이다. 마음이란 모습과 방향과 장소가 없으므로 얻을 수 없으며, 청정한 그대로 법계에 두루하여 나오는 것도 들어가는 것도 아니고, 가는 것도 오는 것도 아닌 본래 눈앞에서 완성된 청정한 법신불이다.

수행자가 육근(六根)을 거두어들여 한 생각이 일어나는 곳을 살피고 화두를 관조하면 생각을 떠난 청정한 자기의 마음에 도달하게 된다. 다시 면밀히 하고 담담하게 고요히 비추어 보면, 바로 오온(五蘊)이 다 공하고 몸과 마음이 함께 고요하여 마침내 할 일이 하나도 없게 된다. 이로부터 24시간 다니거나 머물거나 앉거나 눕거나 끄달림이 없이 여여(如如)하여, 오래 날이 지나 공부가 깊어지면 성품을 보고 부처를 이루어 고통은 없어지고 제도하는 일도 끝날 것이다..

옛날 고봉(高峯)스님이 이르기를 "공부하는 사람은 화두를 살피되 마치 한 개의 기와 쪽을 만 길이나 되는 깊은 못에 던지면 곧 바로 못바닥으로 내려가는 것과 같이 하라. 이같이 하여 만약 7일이 되도록 깨닫지 못하면 나의 머리를 짜르라.”고 했다. 대중들이여, 이것은 몸소 겪은 분의 말씀으로 진실한 말이지 사람들을 격려하기 위한 허망한 말이 아니다.

그러나 어째서 현대인들은 화두를 드는 사람은 많으나 도를 깨치는 사람은 적은가. 이것은 현대인의 근기가 옛사람에 미치지 못하기 때문이다. 또한 많은 사람들이 참선을 하면서 화두를 이치로만 대할 뿐 분명하게 파악하지 못하고 있다. 어떤 사람은 동서남북으로 분주하게 돌아다닌 결과 늙어서도 안정되지 못하고, 화두를 대하나 아직도 명백하게 제 마음대로 다루지 못하는 것은, 무엇이 화두이며 어떻게 화두를 들어야 하는지를 알지 못하기 때문이다.

평생동안 말과 이름과 모양에 집착하여 말꼬리에만 마음을 쓰면서, 「부처님께 참배하는 이는 누구인가」, 「화두를 비추어 보라」하면서 화두를 들고 참구하지만 화두와는 서로 어긋나니, 어떻게 본연의 무위대도(無爲大道)를 깨달을 수 있을 것이며, 모든 것에 걸림이 없는 법왕의 위치에 도달하리요. 금가루를 눈에 넣으면 눈이 멀 것인데 어떻게 큰 광명을 방출할 수 있겠는가. 가련하고 가련한지고. 젊은이들이 집을 떠나 도를 배운다는 것은 그 뜻과 원은 범상하지 아니하나 결과는 헛될 뿐이니 매우 불쌍하구나.

옛사람이 이르기를 「차라리 천년을 깨닫지 못하더라도 하루의 길을 그르쳐서는 안 된다」 했으니, 수행하여 도를 깨달음은 쉽고도 어려우며 어렵고도 쉬운 것이다. 마치 전기 불을 켜는 것과 같아서 알기만 하면 손가락 한번 퉁기는 사이에 큰 광명을 놓아 만년의 어두움을 단번에 없애나, 알지 못하면 기회는 사라지고 등불은 꺼져 번뇌만 더욱 많아진다. 잠시 화두를 들고 참선을 한 사람이 마(魔)에 집착하여 발광(發狂)하며 피를 토하고 병을 앓고, 무명의 불꽃이 커져 남이라는 소견과 나라는 소견이 깊어지는 경우가 바로 두드러진 예가 아닌가. 그러므로 공부하는 사람은 몸과 마음을 잘 조화하여 마음을 평안하게 하고 기를 고르게 하기를 힘써, 걸림도 거리낌도 없고 나라는 소견과 남이라는 소견도 없이, 다니고[行] 머물고[住] 앉고[坐] 누울[臥] 때에도 현묘한 기틀과 오묘하게 계합(契合)해야 한다.

참선이라는 이 법은 본래 분별할 수 없으며 다만 공부해 갈 뿐이지만 초심자(初心者)에게는 초심자의 어려움과 쉬움이 있고, 구참자(久參者) 에게는 오래된 대로 어렵고 쉬움이 있다.

초심자의 어려움이란 무엇인가. 몸과 마음이 순일하고 익숙하지 못하여 나아갈 길이 명확하지 못하고, 공부를 하여도 향상되지 않으며, 마음에 급하다는 생각이 없어 눈을 감고 세월만 보내나니, 「첫해는 처음 참구함이고, 2년째는 벌써 오래 참구한 것처럼 되며, 3년째는 아예 참구하지 않음」 이라는 결과를 이룰 뿐이다.

초심자의 쉬움이란 무엇인가. 다만 신심(信心)과 장영심(長永心-길이 영원한 마음)과 무심(無心)을 갖추기만 하면 된다는 것이다. 신심이란, 첫째 나의 마음이 본래 부처이며 시방세계의 모든 중생과 더불어 다르지 않음을 믿는 것이요, 둘째 석가모니부처님이 설하신 법은 그 모든 법이 생사를 요달하여 부처를 이루는 도임을 믿는 것이다.

장영심이란, 어떤 한 법의 문을 선정해서 생을 마칠 때까지 수행하되, 내생과 후 내생에 이르도록 이와 같이 수행함을 말한다. 참선을 이와 같이 참구하며, 염불도 이와 같이 염불하며, 주문도 이와 같이 주문하며, 교학도 이와 같이 듣고 생각하여 수행한다. 어떠한 법의 문을 수행하더라도 다 계가 근본이 된다. 과연 능히 이와 같이 수행하면 장차 이루지 못하는 일이 없을 것이다. 위산(潙山)노사는 "만약 어떤 사람이 능히 이 법을 수행하되 삼생(三生)을 능히 물러서지 않는다면 반드시 부처의 자리를 얻을 것이다."하였고, 또 영가(永嘉)노사는"만약 망녕된 말로 중생을 속인다면 영원히 발설(拔舌)지옥에 떨어져 항하의 모래 수 같은 세월을 보낼 것이다."라고 했다.

무심(無心)이란, 모든 것을 놓아버리고 마치 죽은 사람과 같아 종일토록 대중을 따라 일어나고 앉지만 다시는 아무런 분별심이나 집착을 일으키지 아니하여 무심도인(無心道人)이 되는 것이다.

처음 발심하여 수행하는 사람이 이 세 가지 마음을 갖추고, 화두를 들고 참선한다면 곧 "염불하는 이가 누구인고?" 하라. 스스로 묵묵히 생각하다가 몇 번 소리를 내어「아미타불」을 부를 때, 염불하는 이는 누구며, 이 한 생각이 어디로부터 일어났는가를 살피라.

마땅히 알라. 이 한 생각은 나의 입으로부터 나온 것이 아니며, 또한 나의 몸으로부터 나온 것도 아니다. 만약 나의 몸이나 혹 입으로부터 나왔다면, 내가 죽은 후에도 몸과 입은 그대로 있는데 어찌 생각을 하지 못하는가.

마땅히 알라. 이 한 생각은 나의 마음으로부터 일어났으니, 곧 마음으로부터 생각이 일어난 곳을 찾아 그 곳을 자세히 보고 똑바로 살피기를 고양이가 쥐 잡듯이 하여 온전히 정신을 집중하면 두 가지 생각이 없어질 것이다. 다만 느리거나 급하게 하지 말고 그 도를 적당히 하라. 조급하게 서두르면 병과 장애가 생길 것이다. 다니거나 머물거나 앉거나 눕거나 항상 이와 같이 하여 날이 가고 공부가 깊어지면 참외가

익어 꼭지가 떨어지듯, 시절인연이 되면 잡거나 밀거나 할 때 홀연히 크게 깨달을 것이니, 이것은 사람이 물을 마실 때 그 물이 찬지 뜨거운지를 스스로 아는 것과 같다. 바로 의심할 것 없는 경지에 이르나니 마치 네거리에서 자기 아버지를 만나 큰 즐거움을 얻는 것과 같다.

구참자의 어렵고 쉬움이란 어떤 것인가. 구참자란 가까이에서 선지식(善知識)을 친견하였고, 여러 해 동안 공부하여 한 차례 단련되었기 때문에 몸과 마음이 잘 익었고 참선의 이치가 명확하여 자유자재하게 공부할 수 있으므로 고통을 느끼지 않는다.

구참자의 어려움이란, 바로 이와 같은 자유자재가 명백하여 중간에서 머무는 것이다. 중간에서 머무르니 보배가 있는 곳에 이르지 못하고, 고요하지만 움직이지 못하니 진실한 쓰임새를 얻을 수 없다. 심지어 객관 세계를 대하면 곧 감정을 내어 취하고 버리는 것이 옛과 같고 좋아하고 싫어함이 완연하다. 크고 작은 망상(妄想)이 구태의연하게 굳어져 있어, 하는 공부가 바위에 부딪치는 찬 물거품과 같아 작용을 일으키지 못하며, 또 오래하면 피로하고 게을러져 마침내 아무런 결과도 쓰임도 얻지 못한다.

구참자가 이런 곤란을 알았다면 곧 본래 참구하는 화두를 일으켜 정신을 들어 백척간두(百尺竿頭)에서 다시 앞으로 나아가야 한다. 바로 높고 높은 봉우리에 서고, 깊고 깊은 바다 밑을 다니되 손을 놓고 마음대로 다니며, 불조(佛祖)와 함께 본체를 상견(相見)하게 되니 어디에 곤란이 있으리오. 쉬울 뿐이다.

화두란 곧 한 마음이며 그대와 나의 이 한 마음은 가운데에도 안에도 밖에도 있지 않지만, 또한 가운데에도 안에도 밖에도 있는 것이니, 마치 허공이 움직이지 않지만 모든 곳에 두루 하는 것과 같다. 그러므로 화두는 위로 끌어올리려고도 하지 말고 또 아래로 물리려고도 하지 말라. 위로 끌어올리면 흔들림을 야기하고, 아래로 물리면 혼침(昏沈)에 떨어져 본래의 심성을 어기므로 다 중도가 아니다.

많은 사람들이 망상(妄想)을 두려워하며 망상을 없애는 것이 가장 어렵다고 한다. 내가 여러분에게 말하노니 망상을 두려워하지도 말고 또한 없애려고 노력하지도 말라. 망상을 없애기 위해서는 다만 그대가 망상을 인식하고 망상에 집착하지 말며, 망상을 배척하려고도 말고, 오직 망상이 계속 되지만 않게 하면 망상은 자연히 없어질 것이다. 즉 「망상이 일어나면 곧 망상인 줄 깨달아라. 깨달으면 곧 없어질 것이다」

만약 망상을 이용하여 공부를 한다면 이 망상이 어느 곳에서부터 일어났는가를 살펴라. 망상은 자성이 없고 바탕이 공한 까닭에 바로 본래부터 망상이 없었던 나의 심성으로 돌아가, 자성이 청정한 법신불이 눈앞에 나타나게 된다. 진실로 말하노니 진여와 망상이 한 몸이고, 중생과 부처가 둘이 아니며, 생사와 열반, 보리와 번뇌가 모두 본래의 마음이며 본래의 성품이다. 분별심이 필요치 않으며, 좋아하고 싫어함도 필요치 않고, 취하고 버리는 것도 필요하지 않다. 이 마음은 청정하여 본래 부처이니 한 법도 필요치 않다. 어느 곳에 군더더기가 있겠는가. 참구하라!

참선법문 原文

　　參禪的目的　在明心見性. 去掉自心的污染　實見自性的面目　污染就是妄想執著　自性就是如來智慧德相. 如來智慧德相　爲諸佛衆生所同具　無二無別. 若離了妄想執著　就證得自己的如來智慧德相　就是佛　否則就是衆生. 祇爲你我從無量劫來　迷淪生死污染久了　不能當下頓脫妄想　實見本性　所以要參禪. 因此參禪的先決條件　就是除妄想. 妄想如何除去　釋迦牟尼佛說的很多　最簡單的莫如'歇卽菩提'一箇'歇'字.

　　禪宗　由達摩祖師傳來東土　到六祖後　禪風廣播震爍古今. 但達摩祖師和六祖　開示學人最緊要的　莫若'屛息諸緣　一念不生'. 屛息諸緣　就是萬緣放下所以'萬緣放下　一念不生'. 這兩句話實在是參禪的先決條件　這兩句話如果不做到　參禪不但是說沒有成功　就是入門都不可能. 蓋萬緣纏繞　念念生滅　你還談得上參禪嗎.

　　'萬緣放下　一念不生'是參禪的先決條件　我們旣然知道了那末　如何不能做到呢. 上焉者　一念永歇

直至無生　頓證菩提　毫無絡索. 其次則以理除事　了知自性　本來清淨　煩惱菩提　生死涅槃　皆是假名　元不與我自性相于. 事事物物　皆是夢幻泡影. 我此四大色身　與山河大地　在自性中　如海中的浮漚一樣隨起隨滅　無礙本體　不應隨一切幻事的生住移滅　而起欣厭取捨　通身放下　如死人一樣　自然根塵識心消落　貪瞋痴愛泯滅　所有這身子的痛痒苦樂　飢寒飽暖榮辱生死　禍福吉凶　毀譽得喪　安危險夷　一概置之度外　這樣才算放下　一放下　一切放下　永永放下　叫作萬緣放下　萬緣放下了　妄想自消　分別不起　執著遠離. 至此一念不生　自性光明　全體顯露　至是參禪的條件具備了　再用功真參實究　明心見性才有分.

日來常有禪人來問話　夫法本無法　一落言詮　卽非實義. 了此一心　本來是佛　直下無事　各各現成　說修說證　都是魔話. 達摩東來'直旨人心　見性成佛'明明白白指示　大地一切眾生都是佛. 直下認得　此清淨自性　隨順無染　二六時中　行住坐臥　心都無異　就是現成的佛　不須用心用力　更不要有作有為　不勞纖毫言說思惟. 所以說成佛是最容易的事　最自在的事而此操之在我　不可外求. 大地一切眾生　如果不甘長劫輪轉于四生六道　永沈苦海　而願成佛　常樂我淨

諦信佛祖聖言　放下一切　善惡都莫思量　箇箇可以立地成佛．諸佛菩薩及歷代祖師　發願渡盡一切罪生　不是無憑無據　空發大願　空講大話的．

上來所說　法爾如此　且經佛祖反覆闡明　叮嚀囑咐　眞語實語　幷無絲毫虛誑　無奈大地　一切衆生　從無量劫來　迷淪生死苦海　頭出頭沒　輪轉不已　迷惑顚倒　背覺合塵．猶如精金投入糞坑　不惟不得受用而且汚染不敢．佛以大慈悲　不得已說出八萬四千法門　俾各色各樣根器不同的衆生　用來對治貪瞋癡愛等八萬四千習氣毛病．猶如金染上了各種汚垢　乃敎你用鏟用刷用水用布等來洗刷琢抹一樣．所以佛說的法　門門都是妙法　都可以了生死　成佛道．只有當機不當機的問題　不必强分法門的高下．流轉中國最普通的法門爲宗敎律淨密　這五種法門　隨各人的　根性和興趣　任行一門都可以．總在一門深入　歷久不變就可以成就．

宗門主參禪　參禪在'明心見性'．就是要參透自己的本來面目　所謂'明悟自心　徹見本性'．這箇法門自佛拈花起　至達摩祖師傳來東土以後　下手功夫屢有變遷．

唐宋以前禪德　多是由一言半句　就悟道了　師徒

間的傳授　不過以心印心　幷沒有什麼實法　平日參問
酬答　也不過隨方解縛　因病予藥而已　宋代以後　人
們的根器陋劣了　講了故不到譬如說‘放下一切’‘善
惡莫思’但總是放不下　不是思善　就是思惡　到了這
箇時候　祖師們不得已　採取以毒攻毒的辦法　教學人
參公案　或是看話頭　甚至于要斂定一箇死話頭　敎你
斂得緊緊　刹那不要放鬆　如老鼠錯棺材相似　斂定一
處　不通不止　目的在以一念　抵到萬念　這實在是不
得已的辦法　如惡毒在身　非開刀療治　難以生效．

　　古人的公案多得很　後來專講看話頭　有的‘看拖
死屍的是誰’有的‘看父母未生以前　如何是我本來
面目’晚近諸方多用‘看念佛是誰’這一話頭　其實都
是一樣　都很平常　幷無奇特　如果你要說　看念經的
是誰　看持呪的是誰　看拜佛的是誰　看喫飯的是誰
看穿衣的是誰　看走路的是誰　看睡覺的是誰　都是一
樣子

　　誰字下的答案　就是心　話從心起　心是話之頭　念
從心起　心是念之頭　萬法皆從心生　心是萬法之頭
其實話頭　卽是念頭　念之前頭　就是心　直言之　一念
未生以前　就是話頭．由此　你我知道　看話頭就是觀
心　父母未生以前的本來面目　就是心　看父母未生以

前的本來面目　就是觀心　性卽是心‘反聞聞自性’卽是　反觀觀自心‘圓照淸淨覺相’淸淨覺相　卽是心照卽觀也.

心卽是佛　念佛卽是觀佛　觀佛卽是觀心　所以說‘看話頭’.或者是說‘看念佛是誰’就是觀心　卽是觀照自心淸淨覺體　卽是觀照自性佛.心卽性卽覺卽佛　無有形相方所　了不可得.淸淨本然　周徧法界　不出不入　無往無來　就是本來現成的淸淨法身佛.行人都攝六根　從一念始生之處看去　照顧此一話頭　看到離念的淸淨自心　再緜緜密密　恬恬淡淡　寂而照之　直下五蘊皆空　身心俱寂　了無一事　從此晝夜六時　行住坐臥　如如不動　日久功深　見性成佛　苦厄度盡.

高峯祖師云‘學者能看箇話頭　如投一片瓦塊在萬深澤　直下落底　若七日不得開悟　當截取老僧頭去’同參們　這是過來人的話　是眞語實語　不是騙人的誑語啊.

然而爲什麼　現代的人　看話頭的多而悟道的人沒有幾箇呢　這箇由于現代的人根器不及古人　亦由學者對參禪看話頭的理路　多是沒有摸淸　有的人　東參西訪　南奔北走　結果鬧到老　對一箇話頭　還沒有弄明白　不知什麼是話頭　如何才算看話頭.一生總是執

著言句名相　在話尾上用心 '看參佛是誰'呀 '照顧話頭'呀　看來看去　參來參去　與話頭東西背馳　那裏會悟本然的無爲大道呢　如何到得　這一切不受的王位上去呢．金屑放在眼裏　眼只有瞎　那裏會放大光明呀．可憐啊　可憐啊　好好的兒女　離家學道　志願非凡　結果空勞一場　殊可悲憫．

古人云 '甯可千年不悟　不可一日錯路'．修行悟道易亦難　難亦易　如開電燈一樣　會則彈指之間　大放光明　萬年之黑暗頓除　不會則機壞燈毀　煩惱轉增有些參禪看話頭的人　著魔發狂吐血羅病　無明火大人我見深　不是很顯著的例子嗎．所以用功的人　又要善于調和身心　務須心平氣和　無罣無礙　無我無人行住坐臥　妙合玄機．

參禪這一法　本來無可分別　但做起功夫來　初參有初參的難易　老參有老參的難易．初參的難處在什麼地方呢．身心不純熟　門路找不清　功夫用不上　不是心中著急　就是打盹度日　結果成爲 '頭年初參　二年老參　三年不參'．易的地方是什麼呢．只要具足一箇信心　長永心和無心．所謂信心者　第一信我此心本來是佛　與十方三世諸佛衆生無異　第二信釋迦牟尼佛說的法　法法都可以了生死　成佛道．所謂　長永

心者　就是選定一法　終生行之　乃至來生又來生　都如此行持．　參禪的總是如此參去　念佛的總是如此念去　持呪的總是如此持去　學教的總是從聞思修行去　任修何種法門　總以戒爲根本　果能如是做去　將來沒有不成的．

瀉山老人說‘若有人能行此法　三生若能不退　佛階決　定可期’又永嘉老人說‘若將妄語誑衆生　永墮拔舌塵沙劫’．所謂無心者　就是放下一切　如死人一般　終日隨衆起到　不再起一點分別執著　成爲一箇無心道人　初發心人　具足了這三心　若是參禪看話頭就看‘念佛是誰’．你自己默念幾聲‘阿彌陀佛’看這念佛的是誰　這一念是從何處起的．當知這一念不是從我口中起的　也不是從我肉身起的．若是從我身或口起的　我若死了　我的身口猶在　何以不能念了呢．

當知此一念是從我心起的　卽從心念起處　一覷覷定　驀直看去　如猫捕鼠　全副精神集中于此　沒有二念　但要緩急適度　不可操之太急　發生病障．行住坐臥　都是如此　日久功深　瓜熟蒂落　因緣時至　觸著揳著　忽然大悟　此時如人飲水　冷暖自知　直至無礙之地　如十字街頭見親爺　得大安樂．

老參的難易如何呢．所謂老參　是指親近過善知識

用功多年　經過了一番煅練身心純熟　理路清楚　自在用功　不感辛苦. 老參上座的難處　就是在此自在明白當中停住了　中止化城　不到寶所　能靜不能動　不能得眞實受用　甚至觸境生情　取捨如故　欣厭宛然　粗細妄想　依然牢固　所用功夫　如冷水泡石頭　不起作用久之也　就疲懈下去　終于不能得果起用. 老參上座知道了這箇困難　立卽提起本參話頭　抖擻精神于百尺竿頭　再行邁進　直到高高頂上立　深深海底行　撒手縱橫去　與佛祖覿體相見　困難安住　不亦易乎.

　　話頭卽是一心　你我此一心　不在中間內外　亦在中間內外　如虛空的不動而徧一切處. 所以話頭不要向上提　也不要向下厭　提上則引起掉擧　厭下則落于昏沈　違本心性　皆非中道. 大家怕妄想　以降伏妄想爲極難. 我告訴諸位　不要怕妄想亦不費力去　降伏他你只要認得妄想　不執著他　不隨逐他　也不要排遣他只不相續　則妄想自離　所謂‘妄起卽覺　覺妄卽離’.

　　若能利用妄想做功夫　看此妄想從何處起. 妄想無性　當體立空卽復我本無的心性　自性清淨法身佛　卽此現前　究實言之　眞妄一體　生佛不二　生死涅槃　菩提煩惱　都是本心本性　不必分別　不必欣厭　不必取捨此心清淨　本來是佛　不需一法　那裏有許多羅索 － 參.

천강(千江)

법명은 대원. 1983년 순천 송광사로 출가, 계룡화상을 은사로 수계득도. 제방선원에서 정진하다가 L.A 국제 선원장(1994), 송광사 교무국장(1996), 수련국장(1997), 서울 길상사 수련원장(1999)을 역임하였다.
현재 지리산 칠불사 선원에서 정진 중.

동중공부

저자/천강(千江)

발행 / 인쇄 : 1999. 5. 20
4쇄 발행 / 인쇄 : 2005. 8. 20

발행처 / 도서출판 **솔과학(옴니버스)**
발행인 / 김재광
주소 : 서울 종로구 수송동 58 두산 위브 파빌리온 721호
T . 82-2-(02)725-8655 / F . 82-2-(02)725-4656
출판등록 / 1997년 2월 22일
제 10-1402호

값/3,000
ISBN 89-87794-11-3
잘못 만들어진 책은 바꿔드립니다.